tudo

DIÁLOGOS SOBRE UM NOVO TEMPO

mu-dou

tudo

PREFÁCIO
DANIEL GOMES DE CARVALHO

IGOR SANTOS
JOSÉ RICARDO
SAULO DEMICHELI

DIÁLOGOS SOBRE UM NOVO TEMPO

mu-
dou

LETRAMENTO

Copyright © 2024 by Editora Letramento
Copyright © 2024 by Igor Santos
Copyright © 2024 by José Ricardo
Copyright © 2024 by Saulo Demicheli

Diretor Editorial Gustavo Abreu
Diretor Administrativo Júnior Gaudereto
Diretor Financeiro Cláudio Macedo
Logística Daniel Abreu e Vinícius Santiago
Comunicação e Marketing Carol Pires
Assistente Editorial Matteos Moreno e Maria Eduarda Paixão
Designer Editorial Gustavo Zeferino e Luís Otávio Ferreira

Todos os direitos reservados. Não é permitida a reprodução desta obra sem aprovação do Grupo Editorial Letramento.

Dados Internacionais de Catalogação na Publicação (CIP)
Bibliotecária Juliana da Silva Mauro - CRB6/3684

S237t   Santos, Igor
           Tudo mudou : diálogos sobre um novo tempo / Igor Santos, José
           Ricardo, Saulo Demicheli. - Belo Horizonte : Letramento, 2024.
           110 p. ; 21 cm.

           ISBN 978-65-5932-467-5

           1. História. 2. Sociologia. 3. Psicologia. 4. Pós-pandemia. 5.
           Mudanças. I. Ricardo, José. II. Demicheli, Saulo. III. Título.

           CDU: 308
           CDD: 303

Índices para catálogo sistemático:
1. Sociografia 308
2. Processos sociais 303

LETRAMENTO EDITORA E LIVRARIA
Caixa Postal 3242 – CEP 30.130-972
r. José Maria Rosemburg, n. 75, b. Ouro Preto
CEP 31.340-080 – Belo Horizonte / MG
Telefone 31 3327-5771

sumário

7 **PREFÁCIO**

11 **CONVITE AOS DIÁLOGOS**

15 **1. TEMPOS NOVOS, PROBLEMAS VELHOS:** A EDUCAÇÃO PÓS-PANDEMIA

25 **2. #FIQUEEMCASA:** QUANDO O LOBO NÃO QUERIA USAR MÁSCARA

31 **3. O ESPANCAMENTO DO "ZÉ GOTINHA"**

41 **4. "INVENTO, LOGO EXISTO":** LIBERDADE DE EXPRESSÃO, *FAKE NEWS* E DEMOCRACIA

53 **5. AINDA SOMOS OS MESMOS**

61 **6. O QUE APRENDEMOS COM A PANDEMIA DE COVID-19?**

67 **7. "CANCELAMENTO":** O OSTRACISMO DAS REDES SOCIAIS

73 **8. ONDE ESTAMOS E O QUE FAZEMOS? REFLEXÕES SOBRE O METAVERSO.**

79 **9. EM TEMPOS DE CRISE... CRIE!**

87 **10. O INDIVIDUALISMO COMO UMA PEDRA NO NOSSO CAMINHO**

93 **GLOSSÁRIO**

107 **SOBRE OS AUTORES**

PREFÁCIO

OS TEXTOS QUE LEMOS E OS TEXTOS QUE ESCREVEMOS

"Que outros se vangloriem das páginas que escreveram; eu me orgulho das que li". Os textos que escrevemos são como tatuagens gravadas em nosso corpo. Quando os revisitamos, não é incomum sentirmos um bocado de arrependimento, uma pontada de repulsa ou um cadinho de vergonha. Mesmo assim, eles acabam nos dizendo algo sobre o que fomos e sobre o que queríamos ser e ter no instante em que esses textos foram escritos; eles são testemunhos caprichosos (e reiteradamente mentirosos) das migalhas de um "eu" que nunca foi muito mais do que um fragmento no tempo. A relação entre um autor e o "seu" texto, afinal, é um fragmento de um fragmento, um encontro entre pedaços e suas temporalidades.

Os textos que lemos, em contraste, são como brinquedos em um parque de diversão. Às vezes são reconfortantes e suaves; às vezes são desconfortáveis e intensos. Quando são de mau gosto, nos ensinam algo sobre o que não merece ter lugar; quando estão quebrados, nos instruem a instruir (exceto, claro, quando são fatais). Por isso, a passagem do argentino Jorge Luís Borges, com a qual iniciei este texto, é bastante feliz: antes de orgulharmo-nos do que escrevemos, é preciso jactarmo-nos do que lemos. A leitura, como a escrita, também pode engendrar arrependimento, ou até vergonha; mas, nesse caso, temos sempre o consolo da crítica (ou do silêncio) em relação a algo que – felizmente! – não está gravado em nosso corpo.

Assim, o leitor de *Tudo Mudou!* rapidamente se dará conta de que as palavras que seguem foram escritas por bons leitores; apenas bons leitores, com efeito, são capazes de mobilizar suas referências com tamanha generosidade para prestar contas com as nossas próprias sombras – a pandemia de Covid-19, nossas distopias tecnológicas (e tecnocráticas), nossas crises, nossos autoritarismos (políticos, morais, mentais...) e outros espectros que insistem em nos assombrar.

8 IGOR SANTOS   JOSÉ RICARDO   SAULO DEMICHELI

Então, Igor Santos, José Ricardo e Saulo Demicheli, como bons saltimbancos de Baudelaire e Benjamin, recolhem os despojos de Foucault, Hobbes, La Boétie, Sartre e Jung, arrancando-os corajosamente de seus contextos e trazendo-os para discutir, sobretudo, nossa questão-maior, a educação e o ensino.

Para essa empreitada, o formato de diálogo é mais do que bem-vindo. Não existe pesquisador que se sinta plenamente confortável com a escrita de um texto; como um filho que renega seus pais, a escrita parece ser o avesso da pesquisa. Enquanto a pesquisa é repleta de lacunas e aberturas, o livro precisa ser entupido com palavras (ou caracteres). Enquanto a pesquisa sempre nos leva a mais pesquisas, o livro carrega uma introdução que já pressupõe uma conclusão (e o clichê de chamar a conclusão de "inconclusão" não resolve nada).

O diálogo, contudo, nos permite aproximar um pouco mais da dinâmica da pesquisa – enfim, que seria o pensamento senão um diálogo silencioso com os nossos próprios fragmentos? E que seria o trabalho do historiador senão um diálogo entre diferentes tempos e temporalidades? O diálogo permite o confronto de ideias, a interrupção e os saltos de pensamento; o diálogo sente-se mais confortável com as digressões, as surpresas (boas e ruins) e as mudanças de rota. E, mais importante, o diálogo é um lembrete do caráter coletivo de todo conhecimento – mesmo o texto escrito por um monge enclausurado não seria possível sem uma infinidade de diálogos mudos que tornaram aquela escrita possível.

Sem sombra de dúvidas, a leitura desta obra trará muitos solavancos e frios na barriga ao leitor e à leitora; afinal, apesar da escrita fluída e prazerosa, os temas abordados são árduos e repletos de lutos. Não obstante, o livro também é um testemunho da coragem e da relevância das Ciências Humanas para a compreensão de nosso próprio tempo. Uma compreensão, digo como última observação, que neste livro não é refém de modismos tais como a ideia de "Novo Normal";

nós, historiadores, andamos sempre desconfiados daqueles que têm muita pressa em anunciar que "vivemos tempos inteiramente novos e diferentes" – a despeito de nossos esforços, o passado é um publicano insistente. A leitura, por isso, certamente será recordada com o sentimento de orgulho.

Boa leitura!

DANIEL GOMES DE CARVALHO

Professor da Universidade de Brasília e apresentador do Podcast e do canal no YouTube "História Pirata".

Agosto de 2023

CONVITE AOS DIÁLOGOS

Se estivéssemos, hipoteticamente, em uma loja de utensílios caros e, lá, os produtos comercializados fossem alguns dos valores que consideramos importantes para a vida em sociedade, quanto custariam a "verdade" e a "ética", por exemplo? Esses valores estariam dividindo a prateleira com quais outros produtos/valores? E a "liberdade", seria um produto mais caro ou mais barato do que a "consciência" e a "empatia"? Daríamos alguma atenção às "tradições", àquilo que aprendemos com os mais velhos, ou preferiríamos colocar em nosso carrinho de compras as "verdades absolutas" e os "achismos"?

Entendendo que o viver em sociedade requer noções básicas de boa convivência, e que nos dias atuais os "diálogos" têm sido cada vez mais raros de se encontrar, poderíamos supor que este produto/valor seria um daqueles itens que comporiam a prateleira destinada aos artigos de luxo? Em tempos atuais, marcados pela internet e pela ideia de que todos nós temos opiniões e por isso o mundo precisa considerá-las, não seria muito fácil responder a essas perguntas. Não, ao menos, de forma simples, direta e objetiva. De todo modo, quem disse que o mais importante seria respondê-las?

O pressuposto básico deste livro, escrito por seis mãos e na forma de diálogos, é provocar o pensamento. É instigar a reflexão. A nossa meta é gerar um desconforto no leitor e na leitora, ao ponto de que eles possam, ao término da leitura destas páginas, sentirem-se instigados pelas conversas que acompanharam. Queremos, em última instância, que a leitura destes textos cause uma inquietação em nossos leitores. Mas aquela inquietação provocativa, a que as reflexões na área de Ciências Humanas costumam causar e tem como objetivo fazê-lo.

Não temos a pretensão de formar escola de pensamento, tampouco desejamos ter seguidores das ideias aqui externadas por nós. Queremos, ao contrário, que o leitor e a leitora sintam-se à vontade para dizer: "gostei dessa ideia, irei incorporar em minhas análises", ou, "esse argumento não é de todo ruim. Pode melhorar se considerar isso ou aquilo", ou, ainda, "aqui eu acho que os autores 'viajaram'. Discordo totalmente do que eles estão apresentando como argumento". E assim, entendemos, teremos alcançado o nosso objetivo, que é o de propor debates e reflexões e contribuir para a sobrevida de um pensamento crítico em nossa sociedade.

Ao longo de todo o texto, apresentamos as nossas ideias a respeito dos temas trabalhados a partir das nossas áreas de formação, isto é, da História, da Sociologia e da Psicologia. Em todos os momentos, nos munimos das ferramentas teóricas e metodológicas que o rigor científico nos exige, mas, por este não ser um livro acadêmico, nos permitimos, quando julgamos pertinente, utilizar certas concepções subjetivas, inteiramente pessoais. Como consequência disso, adiantamos que eventuais erros devem ser creditados unicamente a nós e às nossas concepções e análises.

Na Grécia Antiga, os gregos utilizavam a palavra *Aletheia* para fazerem referência àquilo que pudesse ser desvelado, revelado, e também para se referir à "verdade", valor caro para nós, amantes, defensores e praticantes da "boa e antiga ciência" (não gosto da expressão "velha", neste contexto). Assim, este texto traz argumentos, mas em nenhum momento tem o propósito de "lacrar".

Todos os leitores encontrarão aqui apenas aquilo que consta já no próprio subtítulo do livro e também no título deste tópico inicial, os "diálogos". Diálogos respeitosos que foram estabelecidos por três professores, leitores de uma série de livros e em débito ainda com uma infinidade de outras leituras. Assim, reconhecendo-nos nesta condição, de perfectíveis e não perfeitos, pontuamos que não temos a pretensão de levantar alguma bandeira que se julgue defensora da "verdade absoluta". E esperamos que os nossos leitores procedam da mesma forma.

Boa leitura a todos!

IGOR SANTOS

1. TEMPOS NOVOS, PROBLEMAS VELHOS:
A EDUCAÇÃO PÓS-PANDEMIA

Igor Santos: Tenho certa desconfiança daqueles que olham para a atualidade, marcada por um mundo que ainda vive os restos de uma pandemia que dizimou milhares de vidas e nos mostrou o quanto ainda precisamos discutir algumas coisas, repensar nossas formas e padrões de produção e consumo, nossas maneiras de lidar com o conhecimento técnico, científico e sanitário, nossas dificuldades em trazer para a mesa de reflexões pautas relevantes sobre a própria convivência humana, dentre outras coisas, e enxergam nisso um novo tempo, ou, na pior das hipóteses, um "Novo Normal". Essa ideia, inclusive, de "Novo Normal" é muito brega e é resultado de um *marketing* barato.

Discussões que começam nessa linha tendem a ser superficiais demais e penso que a Educação merece um debate mais refinado e inteligente. Ao lado disso, acredito que o momento e esta pauta possam representar uma excelente oportunidade para refletirmos sobre alguns pontos que nos mostram como estamos distantes do objetivo central do processo educativo.

Eric Hobsbawm, famoso historiador marxista do século XX, dizia que, sobre a História, somente uma única generalização seria possível: a de que enquanto houver raça humana, haverá História. Essa frase nos permite fazer uma diferenciação entre a chamada *História Social* e a *História Natural*.

É possível que alguém, ao ler isso, questione dizendo que essa visão já não é mais dominante, até porque, sabemos que os homens podem interferir sistematicamente na natureza a ponto de gerar transformações significativas e porque a própria fronteira entre uma e outra não são mais tão precisas. A isso, hoje, damos até um nome: *"Era do Antropoceno"*. Mas não vou entrar nesse debate. O fato de eu ter usado a frase do Hobsbawm é apenas para acrescentar outra generalização que eu entendo ser também possível: a de que a Educação, desde a "Pré-História" até os dias atuais, continua tendo o mesmo objetivo, que é o de preparar as pessoas para o mundo em que vivem. Neste ponto, concordo com os educadores

Nelson Piletti e **Claudino Piletti**, autores do livro *"História da Educação"*, onde abordam esta temática.

De forma muito rápida e simplificada, darei alguns exemplos de como isso poderia funcionar na prática.

Imaginemos os nossos ancestrais na "Pré-História". Numa época em que lutavam diariamente para sobreviverem, desconhecendo tudo e todos os processos necessários para a sua vida, muitos devem ter morrido por ataques de animais perigosos ou por comerem determinada planta que não sabiam que era venenosa. Naquele contexto, o método da tentativa/erro precisou acontecer e, na medida em que iam aprendendo algo sobre o mundo no qual viviam, tratavam de ensinar o "caminho das pedras" aos mais jovens. Assim teria nascido a primeira noção e definição do que hoje chamamos de Educação.

Na Grécia Antiga, quando a cidade-estado Esparta vivia num contexto de guerras constantes, fazia sentido que os seus habitantes aprendessem como serem bons, impiedosos e temidos guerreiros. Os meninos eram retirados de suas famílias aos 7 anos de idade e levados para o exército. Fazia parte da lógica da época. Nada a ser questionado, apenas analisado e compreendido.

Na Idade Média, crianças participavam da vida dos adultos, daí a noção de serem compreendidos como espécie de "adultos em miniatura". O historiador francês **Philippe Ariès**, por sinal, nos mostrou como teria ocorrido a própria concepção e construção da noção de infância ao longo da modernidade. Os mais novos, no contexto medieval, entendendo que a agricultura e a concepção religiosa eram dominantes, eram ensinados a praticarem e a vivenciarem esses valores, esse estilo de vida que vemos até hoje em filmes que retratam o período.

Após a chamada "Revolução Industrial", ocorrida na segunda metade do século XVIII, e sendo ela um evento que marcou, dentre outras coisas, a substituição da manufatura pela maquinofatura, podemos entender como as dinâmicas em torno da noção de tempo do relógio, otimização do tempo de trabalho, e as próprias aprendizagens acerca do funcionamento das máquinas foram construídas e, principalmente, reproduzidas e introjetadas pelos mais novos. E assim por diante.

Acredito que vocês compreenderam onde eu quero chegar e os exemplos poderiam se desdobrar ainda mais, chegando em datas mais recentes, mas, para não me delongar muito, paro por aqui. A minha ideia com esses rápidos exemplos, é apenas mostrar que sempre (daí a ideia da generalização que eu defendi ser também possível) a educação carrega a tarefa de preparar as pessoas para o mundo no qual estão inseridas. E, quanto a isso, cabe ainda ressaltar que esta observação/definição pode ser aplicada tanto na chamada *educação escolar* quanto na *não escolar*. Isto é, dentro ou fora da escola, dentro de uma sala de aula ou em um campo de plantações, quando falamos em educação ou processos educativos, a finalidade é preparar o indivíduo para a vida. Agora eu quero ouvi-los.

Para vocês, a Educação, hoje, prepara os mais jovens para lidarem com as demandas do tempo presente?

José Ricardo: Bem, Igor, para falar do Brasil, penso que a resposta à sua pergunta é que a educação nos prepara parcialmente.

Durkheim foi um dos primeiros sociólogos a tratar sistematicamente o tema da educação e, segundo ele, a educação nas sociedades modernas deveria cumprir uma dupla função: a *função integradora* e a *função diferenciadora*. A primeira diz respeito ao conjunto das similitudes sociais, tudo aquilo que nos identifica, que temos em comum com os demais membros da coletividade à qual pertencemos, a nossa consciência coletiva. A língua seria um bom exemplo neste caso. A segunda função, *integradora*, refere-se à divisão do trabalho, à preparação para que os indivíduos possam preencher a estrutura ocupacional extensa e complexa que caracteriza o nosso mundo. Na minha percepção, trata-se, então, de dar vazão às múltiplas habilidades, conhecimentos e capacidades necessárias para o exercício das diferentes profissões ou funções sociais.

Penso que temos uma educação primordialmente voltada para a segunda função, uma educação técnica que visa preparar os indivíduos para o mercado de trabalho. Isso é importante e necessário, mas não podemos limitar a educação a isso. E aí entra a primeira função que, em minha opinião, é deixada em segundo plano em determinados aspectos que eu considero fundamentais.

Somos membros de uma coletividade e por isso temos responsabilidades perante ela. Num país como o nosso, que busca consagrar e consolidar valores democráticos, é essencial que sejamos capazes de produzir cidadãos, o que requer uma educação cívica. Antes de sermos engenheiros, sociólogos, comerciantes, psicólogos, historiadores, ou qualquer outra profissão, somos cidadãos, condição comum a todos nós.

A cidadania exige que tenhamos informações básicas sobre o funcionamento da sociedade no que se refere à sua estrutura econômica, política e social. Percebo, como professor, que nossos cidadãos conhecem muito pouco essa realidade, especialmente o funcionamento do Estado e das instituições políticas. As escolas ensinam pouco esses temas. Com dezesseis anos, o adolescente ganha o direito de votar, mas de que adianta esse direito diante do profundo desconhecimento de grande parte dos eleitores acerca dos temas básicos da política e de suas instituições?

Deixem-me contar um caso, rapidinho.

Certa vez, perguntei aos alunos de uma turma do curso de Administração, de primeiro período, quais eram os três poderes de Estado. O silêncio foi constrangedor, até que um aluno resolveu arriscar: "saúde, educação e segurança, professor". Estamos falando de um curso superior, e estes alunos não estão muito longe da grande maioria que eu encontrei nos meus quase trinta anos de magistério.

A participação política, aspecto constitutivo da cidadania, requer algum preparo, caso contrário pode ser até nociva, porque se torna facilmente manipulável. Penso que este é um grande problema, agravado ainda mais pelas profundas desigualdades educacionais existentes no Brasil. Os que estudam em boas escolas - sejam públicas ou privadas, porque existem escolas boas e ruins em ambos os sistemas - até conseguem uma formação técnica adequada. Mas já a educação para a cidadania, esta é muito falha no Brasil.

Igor Santos: Os gregos, José Ricardo, compartilhavam da sua preocupação. Veja como lidavam com a lógica escravista e como os escravos poderiam, de algum modo, auxiliá-los na organização de suas vidas em prol da participação política, por exemplo.

Os escravos assumiam o ônus do trabalho para que os cidadãos (um grupo muito reduzido de pessoas, já que mulheres, escravos, estrangeiros, menores de 21 anos e mesmo homens que não fossem atenienses, ficavam de fora) pudessem se dedicar à política, à vida na *pólis*.

Sabemos que foi na Grécia, no século V, que surgiu aquilo que hoje definimos como "Democracia". Quando vou explicar isso em sala de aula, a primeira questão que ouço dos alunos é: "Mas, professor, como podemos dizer que os gregos eram democráticos se tinham escravos?". Essa é uma pergunta interessante e é uma pena não podermos aprofundar nela aqui, mas, vamos lá, preciso ponderar algumas coisas sobre isso.

Tempos diferentes possuem lógicas, estruturas e sistemas de pensamento e organização igualmente distintos. Esse é um dos grandes desafios de um historiador: compreender e explicar o passado. Não julgá-lo. Não dizer se é certo ou errado. Logo, de início já deixo isso claro para os alunos. Outro detalhe importante que esta questão nos permite explicar é o fato de que a "Democracia" surgiu em Atenas, não na Grécia como um todo. Precisamos nos lembrar de que as cidades-estados tinham características diferentes. Além disso, mencionei acima que os escravos trabalhavam para que os cidadãos pudessem se dedicar à vida na *pólis*. Pois bem, esse pensamento se torna mais compreensível quando nos lembramos de que o escravo, para o filósofo **Aristóteles**, era considerado uma espécie de "Animal que fala", era somente mais um tipo de ferramenta de trabalho. Dito isso, concordo com você: a nossa educação tem sido, ao longo da nossa História, muito falha a este respeito. A grande questão é: ela tem sido falha por quê? Se tivéssemos a oportunidade de perguntar isso ao antropólogo **Darcy Ribeiro**, imagino que ele repetiria o que já disse noutros tempos, que a crise da educação brasileira não é uma crise, mas um projeto. Lamentável, mas, de fato, parece ser este o caso.

José Ricardo: Qual a sua opinião, Saulo?

Saulo Demicheli: Para ter condições de lhe responder, José Ricardo, será necessário entendermos quais são as demandas do tempo presente.

A palavra "Educação" concentra uma definição ampla, que nos atinge em absolutamente todos os aspectos sociocomportamentais. Podemos olhar para o mundo em que estamos inseridos e notar que as demandas atuais, em grande parte, não contemplam de forma coesa e assertiva, a educação primordial, a formação humana. O nosso grande trunfo, enquanto espécie, foi aprender e desenvolver mecanismos sociais, pensar fora do aspecto da barbárie e, com força coletiva, promover a evolução. Fazemos parte hoje de uma sociedade que sente a necessidade de resgatar a importância da formação social ante qualquer outro processo técnico. Num conceito mais específico, a demanda que há pouco remontava para uma qualificação técnica e direcional, hoje, de forma escancarada, revisa seus métodos e processos, se fazendo valer da certeza abismal de que o individuo se prepara tecnicamente para algo, mas prova-se ser um verdadeiro fiasco quando há necessidade de demonstrar suas habilidades interpessoais e até mesmo apresentar o mínimo razoável de inteligência emocional.

Penso ser minimamente razoável termos um entendimento social capaz de nos identificarmos como seres adaptáveis, respeitosos e, sobretudo, com consciência coletiva. O que se observa é uma educação pautada na individualidade, na busca por um sucesso que se apresenta de forma enlatada, uma receita simples desenvolvida sobre pilares duvidosos.

Quando pensamos em uma educação mais cartesiana e escolar, percebo um direcionamento quase que histérico voltado para a cultura do sucesso, o que me faz refletir sobre qual seria esse sucesso, enquanto sinônimo de felicidade plena. Tempos atuais cobram um resultado extremamente imediatista. A cronologia dos fatos se altera sobre o comportamento humano que, por vez, padece de desenvolver habilidades primárias sociais.

Em tempo, quero deixar claro que percebo o desenvolvimento tecnológico e os processos educacionais como siameses. O matemático sul-africano **Seymour Papert**, foi o primeiro educador a indicar que a educação precisava se aliar ao mundo digital, indicando a utilização de computadores no ambiente escolar, isso há décadas, o que me faz entender os processos educacionais como algo cíclico, adaptável e sempre em profunda evolução. Infelizmente, quando trazemos luz à nossa realidade educacional, entendemos que em todos processos existem equívocos, que quando minimamente reparados, esbarram numa questão temporal desproporcional. Mas acho importante mencionar que, em minhas caminhadas pelas escolas públicas e privadas, nos quatro cantos deste país, é notório como temos educadores incansáveis na arte de levar ao seu aluno, aquilo que o conteúdo programático infelizmente não contempla.

Para finalizar, meus amigos, trago à tona algo imprescindível a ser discutido e trabalhado nas esferas educacionais, na formação de indivíduos que acima de tudo se reconhecem enquanto espécie: a corresponsabilidade inevitável. Para evoluirmos na educação é preponderante evoluirmos enquanto sociedade.

Igor Santos: E, neste ponto, Saulo (o que é bem raro, reconheço), sou otimista quanto a alguns dos debates que estão presentes na Educação atual, que passou a inserir componentes curriculares que ultrapassam, e muito, outros que constavam em currículos anteriores, mais contidos, talvez mais conservadores, e, certamente, limitados e que não davam conta da complexidade da sociedade.

Anteriormente, destaquei que a finalidade da Educação é preparar o sujeito para a vida. Agora, você ponderou muito bem que, além do modelo cartesiano, isto é, daquele que se construiu tendo como base os parâmetros pensados pelo filósofo e matemático **René Descarte** em seu livro *"O discurso do método"*, uma das preocupações do sistema de ensino é com o aspecto sociocomportamental, por meio de conteúdos em torno da chamada "Inteligência Emocional". Isso é um fator de extrema relevância nos dias de hoje e, agindo assim, a educação, de fato, pode se aproximar do modelo de uma "Educação Integral", como está sendo descrito pela Base Nacional Comum Curricular (BNCC). Sem dúvida, essa é uma demanda atual. Logo, não pode mesmo ficar fora dos currículos escolares.

Na verdade, eu penso que os currículos tinham de ser revistos e muitas coisas poderiam ser desconsideradas ou, no mínimo, minimizadas. Não se trata de jogar fora apenas, mas de olhar, antes, para a sociedade e entender as suas demandas. Depois disso, aí sim, partimos para a construção de um currículo que viabilize aprendizados úteis, aplicáveis e coerentes com essas demandas que foram apresentadas pela própria sociedade.

2. #FIQUEEMCASA: QUANDO O LOBO NÃO QUERIA USAR MÁSCARA

Igor Santos: Pandemias, por expressarem contextos de crise, servem para desnudar muitos dos processos que no cotidiano podem passar despercebidos pela maioria das pessoas. E a pandemia de Covid-19, que tivemos o desprazer de vivenciar, pela tragédia que representou, nos mostrou um pouco da fragilidade de alguns dos nossos contratos sociais.

Os autores denominados "contratualistas" propuseram, ainda no início da chamada "Idade Moderna", no contexto do regime político que se convencionou chamar "Absolutismo", uma forma de leitura e de interpretação da sociedade que se baseou na lógica de uma convivência social construída a partir da concepção de contratos sociais. De forma resumida e simplificada, os contratos sociais, para esses autores, seriam mecanismos que visam garantir a convivência social e, como consequência, o bom ordenamento das sociedades humanas, garantindo, ao mesmo tempo, uma noção mínima de segurança a todos. Por meio da instituição de acordos, combinados e leis, eles permitem com que todos saibam os seus limites e os limites de suas ações a fim de que ninguém seja prejudicado. Em sociedades antigas, quando esses princípios de convivência não eram estabelecidos ou mesmo quando não ficavam claros para todos, a organização poderia facilmente dar lugar ao caos social.

Quando falamos em contrato social, ou em autores contratualistas, um dos primeiros nomes que nos vêm à cabeça é o do inglês **Thomas Hobbes**. Autor do livro *"O Leviatã"*, Hobbes nasceu em finais do século XVI e propôs uma teoria a qual ensinamos e seguimos (em princípio, pelo menos) ainda nos dias de hoje. Para ele, também resumidamente, os contratos sociais permitem com que saiamos daquilo que ele definiu como sendo o "Estado de Natureza", isto é, quando estamos à mercê dos nossos gostos, desejos e interesses e não levamos em conta o princípio da convivência, quando, em muitos momentos, precisamos abrir mão de desejos particulares por eles não serem benéficos ao coletivo. Nesse sentido, ele apostou que o Estado poderia contribuir neste processo, garantindo a segurança de todos. Em contrapartida, nós, cidadãos, teríamos que abrir mão da nossa liberdade para que pudéssemos almejar certas seguranças. E o que isso tem a ver com a pandemia de Covid-19 e com o uso de máscaras? Na minha concepção, tudo, já que faz parte dos acordos sociais, noções básicas de respeito e de luta pela garantia do bem estar dos outros, já que vivemos em sociedade.

José Ricardo: As teorias contratualistas se desenvolveram concomitantemente com a expansão do capitalismo e ambos os fenômenos inauguram e reforçam uma nova concepção de mundo que fundamenta as sociedades liberais modernas. Penso que a relação entre o contratualismo e a pandemia é que a nossa liberdade não pode ser absoluta, uma vez que qualquer contrato implica direitos e deveres entre as partes envolvidas.

John Locke, por exemplo, autor contratualista que se opôs à solução hobbesiana do Estado absoluto para a superação do caótico "Estado de Natureza", dizia que a grande tarefa do Estado era a defesa e garantia da propriedade, entendida aqui não somente como propriedade material, mas também propriedade do corpo e da mente, inaugurando a ideia dos direitos naturais do homem, o chamado Jusnaturalismo.

Ora, se o contrato social que dá origem ao Estado visa a defesa da propriedade, em seu sentido amplo, é inevitável que parte de nossa liberdade seja suprimida quando seu exercício ameaça a propriedade do outro. Nenhuma propriedade é mais importante do que a própria vida. Num contexto de emergência sanitária, a prevenção de cada uma pode ser entendida como obrigação contratual de todos.

É assim que vejo a relação que você suscita, Igor.

Igor Santos: Exatamente como também vejo, José Ricardo.

A liberdade deve ser considerada um bem pelo qual devemos, diariamente, lutar. Restrições a ela podem representar mutilações ao próprio ser, já que somos dotados por vontades e possibilidades de traçarmos os nossos próprios caminhos. No entanto, como você bem destacou, ela não pode ser considerada acima de tudo e de todos. Então, qual seria um limite razoável a partir do qual deveríamos considerar a nossa liberdade como algo supremo, acima do bem e do mal? Creio que seja o bem-estar do outro. Isto é, tenho e preciso continuar tendo a minha liberdade, desde que ela não ofereça riscos a outra pessoa. Neste caso, os acordos firmados socialmente, os contratos que foram estabelecidos, devem se fazer valer e, na hipótese de serem constrangidos ou desrespeitados, caberá ao Estado, por meio dos recursos legítimos que tem, se impor. E, se necessário, por meio de coerções.

A pandemia, de certa forma, nos mostrou isso. Ao mesmo tempo em que milhares de pessoas eram contaminadas, outras milhares morriam e, ao mesmo tempo, especialistas diziam que era indispensável o uso de máscaras. Neste ponto, inúmeras pessoas, influenciadas por uma falácia egoísta, e em muitos momentos vinda dos próprios governantes, lançaram mão de um discurso que fizeram com que os óbitos apenas aumentassem. O interessante é que, ao serem questionados quanto a isso, defendiam o direito à liberdade. Liberdade de matar, talvez.

Saulo Demicheli: Quando pensamos na construção da vida em sociedade, invariavelmente pensamos, como vocês apontaram, nos acordos, nos contratos que sustentam a nossa vida perante a sociedade em que estamos inseridos. Os construtos históricos nos mostram que o comportamento social não segue uma linha homogênea, somos seres adaptáveis à realidade que nos cerca e também moldamos comportamentos sociais. Ou seja, a convivência social condiciona uma sociedade e também é condicionada por ela.

Para entendermos o conceito de "Liberdade", em suas várias facetas, é importante pensarmos de forma bem ampla, como essa liberdade nos impacta e impacta a sociedade na qual estamos inseridos.

Agostinho de Hipona, filósofo atuante entre os séculos IV e V, também conhecido como Santo Agostinho, dizia que a liberdade ou livre-arbítrio significava ter poder de decisão ou opção, mas que as mazelas humanas estavam justamente contidas no poder de escolha exercido através da vontade humana.

Para o filósofo francês do século XX **Michel Foucault**, a liberdade é fundamental para a existência da ética e do poder. Nesse sentido, o poder seria um modo de ação sobre as ações e isso ocorreria quando uns tentam conduzir as ações de outros que, por conseguinte, possuem a sua liberdade genuína. Podemos então, a partir de uma reflexão contemporânea, entender que o nosso conceito de liberdade, pode ser de fato manipulado pelo poder, ou, de forma mais clara, por nossas lideranças?

Trazendo a reflexão para o conceito de saúde mundial, diante de uma pandemia que nos assola em pleno século XXI, fica evidenciado que nossas escolhas, mais do que nunca, incidem no bem-estar do próximo e que, por mais que tenhamos a certeza de nossa liberdade, algumas ações necessitam de serem tomadas em prol de um coletivo, afinal essa é a essência da vida em sociedade.

3. O ESPANCAMENTO DO "ZÉ GOTINHA"

Saulo Demicheli: Quando nos deparamos com o "novo", em qualquer situação de vida, tendemos a nos assustar. Há um tempo de maturação dos fatos para que, a partir de então, consigamos recalcular a nossa própria rota.

É fato que fomos dormir numa noite relativamente comum e acordamos com a notícia de que uma epidemia já temerosa havia se transformado numa pandemia. Tivemos o surgimento de um vírus de alta e rápida mortalidade, com uma impressionante taxa de contágio e que, apesar de termos um local de origem aparentemente definido, se espalhava aos quatro cantos do mundo numa velocidade proporcional ao atual comportamento social. Essa era, já pronta, a "receita do caos".

A história moderna da humanidade nos traz vários registros acerca do tema e estou certo de que isso ainda possa ser um dos pontos sobre os quais o nosso colega Igor venha falar, mas em todos esses acontecimentos históricos, que disseminaram parte da população mundial em recortes temporais diferentes, houve uma busca incessante pela cura e/ou adaptação. Vimos que, durante a pandemia de Covid-19, isso se repetiu. Esforços foram empreendidos com o objetivo claro de encontrar e/ou agilizar tratamentos e curas.

A pesquisa e a ciência, aliadas a ferramentas tecnológicas atuais, conseguiram, em tempo recorde, produzir soluções viáveis que atendessem, senão toda, ao menos a maior parte da comunidade global. Pessoalmente, olho para este fato com profunda admiração, diante das circunstâncias apresentadas, mas, quando acompanhamos de maneira mais específica, podemos observar vários vieses: comportamentais, políticos, econômicos, mercadológicos e o velho oportunismo do momento.

Ao observarmos o comportamento humano, principalmente no que se refere à negação dos princípios científicos e de pesquisa, fica claro como parte da sociedade se apega a afirmações distópicas e até mesmo a conceitos político/religiosos para legitimar sua voracidade em negar.

No campo político, foi evidente como lideranças, de fato, pastoram o seu rebanho. A intransigência, a produção de informações inverídicas, a total e completa falta de empatia, o descaso pela dor e sofrimento do outro e uma altíssima dose de falta de desenvolvimento cognitivo, contribuíram para um ato de destruição, uma "roleta russa" aceita por aqueles que promoveram uma espécie de "espancamento do Zé Gotinha", como sugere o título deste capítulo.

Lideranças políticas ao redor do mundo (como pudemos observar, não foi uma jabuticaba), carregadas de uma incompreensão abissal acerca do óbvio, conduziram um sem número de indivíduos às favas da morte. Esse cenário posto, nos mostrou que parte da sociedade, em sistemas democráticos, seguem suas lideranças com espécies de vendas nos olhos, sem nenhum comprometimento com o desenvolvimento do pensar crítico.

No que se refere às questões econômicas, vimos acordos célebres e organizações mundiais, criadas para a promoção de um mundo minimamente mais justo e igualitário, sucumbirem diante de mega potências e seus desejos egoístas. A ordem do "primeiro eu, depois os meus e, o que restar, atende aos outros" ficou cristalina como a água da bica. As "castas" mundiais foram escancaradas para todos, sem o menor pudor, que nos faz refletir acerca da coletividade humana. Afinal, existe uma coletividade humana ou uma coletividade territorial?

Ao observarmos o mercado nesse exercício, seria, num mundo capitalista em que estamos inseridos, muito improvável que um esforço científico e de pesquisas acontecesse tão somente para garantir a sobrevivência de parte da sociedade. Sabemos que não se faz ciência e não se pratica a pesquisa sem investimento, sobretudo numa situação em que o tempo é um inimigo feroz. O *Lobby* dos laboratórios farmacêuticos, os registros e quebras (ou não) de patentes e, por fim, a venda do produto final aos governos, trouxeram ou viabilizaram vários debates éticos.

Por fim, e não menos importante, o oportunismo de momento. O velho chavão "onde há crise, há oportunidade" se emprega muito nesta situação. O oportunismo por parte de quem quer lucrar com o caos em suas várias frentes.

O "espancamento do Zé Gotinha", título que faz uma brincadeira com o famoso personagem que está à frente das campanhas de vacinação no Brasil, foi muito perseguido, já que alguns chegaram mesmo a dizer contra e mal às vacinas. Esses fatos só nos mostram que, enquanto sociedade, precisamos evoluir consideravelmente no que se refere ao óbvio.

Igor Santos: Saulo, gostei do que você apontou e, dentre tudo o que disse, me chamou a atenção quando se referiu à "ética", em como todo esse contexto que você descreveu muito bem, teria incentivado debates éticos. Irei retornar a esse ponto, mas, antes, quero falar de outra questão que nos remonta ao tempo dos romanos antigos e que também dialoga com a sua premissa de que sempre tentamos criar soluções para sairmos do caos.

Se eu fosse chato, eu iniciaria a minha fala descartando o termo "sempre". "Sempre" e "Nunca" são expressões fatalistas e generalistas e que nós, historiadores, tendemos a desconsiderá-las, já que analisamos o processo e, em meio a tantas variáveis, um "nunca" pode se converter num "ainda não" e um "sempre" acaba dando espaço para "não mais". Porém, como sou legal e também o utilizei em minha outra possibilidade de "generalização possível" mencionada anteriormente, não irei ponderar sobre isso aqui.

Na Roma Antiga, existia um senador famoso, um homem que se notabilizou por proferir grandes e eloquentes discursos. Entre os romanos, vale lembrar, a oratória era uma arte extremamente respeitada e valorizada. O "bem falar" fazia, inclusive, parte dos conteúdos que deveriam ser aprendidos no processo de formação educacional. Pois bem, este homem a quem me refiro é **Cícero**, um dos inimigos de **Júlio César**, sim, aquele que consta na *"Bíblia"*, livro sagrado para os cristãos, com a velha máxima proferida por **Jesus** *"dai, pois, a César o que é de César, e a Deus o que é de Deus"*, uma frase elucidativa e que nos remete à noção de justiça. Enfim, para Cícero, o estudo da História tinha uma função clara e muito prática: deveríamos recorrer a ela para que, tendo aprendido sobre o passado, não cometêssemos, no presente e no futuro, antigos erros. Com o seu latim impecável, Cícero nos apresentava a História como sendo uma espécie de *"Magistra Vitae"*, ou *"Mestra da Vida"*.

Se a História tivesse, como imaginava Cícero, o objetivo de garantir acertos no presente e preparar um futuro menos errante, eu tenderia a concluir que o aprendizado em História é completamente inútil e descartável. Até recomendaria que a evitássemos, pois, todos já percebemos que se tem algo em que somos bons é, exatamente, em repetir erros do passado. Parece que, definitivamente, não aprendemos. E a nossa história recente comprova isso. Mas, por que estou divagando sobre esta questão? Porque já passamos, como você ponderou, Saulo, por situações parecidas e pouco ou nada aprendemos com ela. Imagino, sem querer ser muito pessimista, que ainda iremos passar por mais coisas que, se tivéssemos aprendido direitinho com o nosso passado, poderíamos evitar. Enfim, faz parte. História não é ciência exata. Nós que nos viremos com este problema.

Durante a pandemia, ouvi de muitas pessoas e em muitos lugares que, ao término daquela catástrofe, teríamos aprendido a ser pessoas melhores. Tendo visto tamanha tragédia, seríamos mais empáticos e mais "Humanos" (sabe-se lá que diabos isso queira dizer) uns com os outros. Tolice ou mera desinformação histórica, esse tipo de pensamento. A pandemia de Covid-19 não foi a primeira, nem a mais trágica. E não há evidências históricas de que nossos antepassados tenham se tornado seres mais empáticos por terem vivido catástrofes similares ou piores em tempos anteriores.

tudo mudou **35**

Quanto aos princípios éticos que você destacou e que disse que todo esse contexto pode ter desencadeado, eu destacaria pontuando que isso é bom. Muito bom, na verdade. Uma sociedade em transformação, como todas sempre estão, deve, necessariamente, rever seus padrões éticos, e por uma razão muito simples: porque é a ética que garante a nossa convivência em sociedade. É a ética que permite uma razoável harmonia e viabiliza um ambiente, no mínimo, possível de se viver. Se preferirem uma definição mais didática, recorro ao professor **Clóvis de Barros Filho** que a definiu como sendo "a inteligência compartilhada a serviço do aperfeiçoamento da convivência". Aristóteles, em seu livro *"Ética a Nicômaco"*, nos advertia, também, que a conduta ética pode ser aprendida, treinada e, portanto, aperfeiçoada. Ótima notícia, não? Quem sabe assim entendamos o valor de repensarmos, cotidianamente, as nossas condutas sociais? Oxalá!

Saulo, acima você utilizou o termo "negação" e eu fiquei pensando no esforço, às vezes, até inconsciente, que muitos de nós fazemos para não aceitar determinada situação. Também passamos por processos internos de "negação" e eu gostaria de lhe ouvir falar um pouco sobre isso, e como isso pode, de algum modo, impactar no que estamos discutindo aqui.

Saulo Demicheli: Igor, sou um otimista contumaz, porém, como estudioso do comportamento humano, seria no mínimo imprudente de minha parte, não considerar a capacidade do ser humano em ressignificar-se. De forma pontual e assertiva, você nos trouxe a importância vital da discussão ética como parâmetro social e, justamente por isso, nos faz tão necessário promover essa discussão, essa reflexão. Penso que todos nós poderíamos refletir, diariamente, em torno da seguinte questão: as nossas ações estão minimamente alinhadas com os nossos valores éticos?

Revisitar os nossos valores éticos, quando e sempre que necessário, nos mostra que estamos alinhados com o nosso compromisso em aperfeiçoar as nossas formas de convivência. A "verdade provisória", como o próprio termo indica, só existe no tempo presente, quando projetamos o futuro ela pode não existir mais (e muitas vezes, nem a própria projeção de futuro).

Recordo-me de uma fala reincidente utilizada por um professor muito querido na época da faculdade, que dizia: "Não há nada mais lindo no amadurecimento do que olhar para algumas certezas que eram absolutas no passado e entendê-las como verdades não tão absolutas assim". O que pretendo dizer aqui, de forma mais clara, é que o nosso alinhamento ético é mutável e que, portanto, revê-los, se faz necessário num processo de desenvolvimento individual e, sobretudo, coletivo. As bases éticas norteiam o nosso comportamento social. Sabendo que o comportamento humano requer reflexão e novas aprendizagens frequentemente, já que a vida nos apresenta novas e desafiantes demandas na dinâmica do dia a dia, deveria ser considerado normal que as nossas bases éticas passassem por novas definições ao longo do tempo.

José Ricardo: O que mais me chama a atenção nesse episódio da vacina, pelo menos no caso brasileiro, é como passamos a enfrentar uma questão que entre nós parecia resolvida. Já tivemos problemas em nossa história por conta de campanhas de vacinação – e o Igor pode falar muito melhor do que eu sobre isso. Estou me referindo ao que ficou conhecido como "Revolta da Vacina", que ocorreu em 1904, no Rio de Janeiro, quando **Oswaldo Cruz**, famoso médico e cientista, lançou uma campanha de vacinação obrigatória contra a varíola. Disputas políticas, querelas sobre direitos civis e liberdades individuais, negacionismos quanto aos benefícios da vacina – que, naquela época, era um pouco mais justificável do que hoje devido ao menor desenvolvimento da ciência – e razões morais – o fato de que famílias não queriam que suas mulheres, esposas e filhas, mostrassem as nádegas e os braços aos agentes de saúde, levaram parte da população a se revoltar, e houve cenas de violência nas ruas: tiroteios, vandalismo e até barricadas foram erguidas. Os confrontos envolveram forças policiais, forças armadas e população civil, principalmente trabalhadores. A confusão durou uma semana. Chegou-se a decretar Estado de Sítio e, ao final, dezenas de mortos, centenas de presos e uma parte do centro da cidade destruída. **José Murilo de Carvalho**, historiador e cientista político, descreve esse episódio em seu livro *"Os Bestializados"*.

Se o estopim da revolta foi uma questão moral – instigada por disputas políticas – o que vivenciamos hoje com relação à vacina contra a Covid-19 é diferente, embora haja muitas semelhanças.

No caso atual, o espancamento do "Zé Gotinha" resulta de uma postura que parece caracterizar uma mentalidade extremista do mundo, que inclui, entre outras coisas, o negacionismo climático, um anti-intelectualismo, uma visão distorcida da liberdade individual e uma desconfiança injustificável com relação à ciência. O curioso é que movimentos antivacinas não são novidade e já tiveram relação com uma ideia radical de naturismo, que combatia a inoculação de qualquer fármaco em nosso corpo, o que, segundo os defensores desta concepção, nos seria prejudicial, até mesmo espiritualmente. Os efeitos benéficos das vacinas, responsáveis pela erradicação de muitas doenças, tornaram essas resistências residuais, exóticas, e nós, aqui no Brasil, nos acostumamos com as campanhas de vacinação constantemente incentivadas pelo poder público. Mas eis que, de repente, diante da pior pandemia em cem anos, somos surpreendidos por um ataque incompreensível à vacina, o único fármaco desenvolvido até agora contra a Covid-19.

Não me arriscarei a falar sobre a psicologia dos extremistas, assunto para o Saulo, mas o fato é que a posição negacionista que eles assumem produzem consequências que vão muito além deles. E é aqui, a meu ver, que entra a questão ética. Posso admitir – por razões morais, políticas, religiosas ou qualquer outra – que pessoas adultas possam decidir não se vacinar. No entanto, é claro que a pessoa que não se vacina não tem direito de arriscar a vida do outro. Quem faz essa opção deveria arcar com seus custos: o isolamento social.

Voltamos aqui a um ponto desenvolvido no capítulo anterior: a questão do contrato social, que não apenas nos garante direitos, mas também nos impõe obrigações mútuas. **Stuart Mill,** filósofo utilitarista inglês, expoente do pensamento liberal, em seu celebrado texto *"Sobre a Liberdade",* afirmou que "sobre o corpo e mente, o indivíduo é soberano". Em tese, concordo com esse princípio, mas se posso dispor do meu corpo como bem entender, inclusive me recusando a introduzir nele qualquer coisa que não me agrade, certamente não posso ter uma atitude que represente grave ameaça ao corpo do outro. Não quer se vacinar? Tudo bem, mas fique em casa e se isole, não exponha o outro a um risco que ele não quer correr, não contribua para sobrecarregar o sistema de saúde, caso venha a adoecer por falta de proteção.

Penso que uma posição individualista radical, de ignorar o outro, é o grande problema desta questão, e nem tanto as razões que levam uma pessoa, individualmente, a desconfiar da ciência ou a se recusar a aderir às suas descobertas. Afinal, também somos soberanos sobre nossa mente. Acreditar que a terra é plana é problema de quem acredita. Já contribuir para a disseminação descontrolada de uma doença grave, aí o problema é nosso.

4. "INVENTO, LOGO EXISTO": LIBERDADE DE EXPRESSÃO, *FAKE NEWS* E DEMOCRACIA

José Ricardo: O tema das chamadas *fake news* (ou notícias falsas) ganhou grande destaque no Brasil a partir de 2018, quando, na eleição presidencial, surgiram incontáveis denúncias desta prática na campanha do presidente eleito, sobretudo nas redes sociais. De lá para cá, temos presenciado um intenso debate acerca de como lidar com essa questão. Por um lado, temos a posição daqueles que evocam o princípio da liberdade de expressão, próprio dos regimes democráticos, para defender e justificar o uso das redes sociais como um espaço de livre manifestação de pensamentos e opiniões, e que, portanto, não pode ser alvo de restrições por parte do Poder Público quanto aos conteúdos publicados nas redes. No outro polo do debate, estão aqueles que entendem que as *fake news* não se enquadram no princípio da liberdade de expressão, e que a distorção ou a simples invenção de fatos, ao contrário, constituem uma ameaça à ordem democrática e uma estratégia deliberada de manipulação da opinião pública, cabendo ao Poder Judiciário tomar medidas que impeçam a sua proliferação.

A prática de divulgação de *fake news* não é nova. Pelo contrário, trata-se de algo que é bem antigo. O controle das informações e das narrativas acerca dos fatos constitui um elemento de extrema importância nas estratégias de conquista e manutenção do poder. Mas não é só isso. É fácil constatarmos que a mentira – seja inventar fatos ou distorcê-los – perpassa todas as modalidades de interação humana, e é por isso que o tema vem despertando interesse em filósofos e religiosos há tempos. Apenas para ressaltar dois casos significativos, um em cada campo – o da filosofia e o da religião -, **Kant**, em sua visão da ética, calcada na noção de *"Imperativo Categórico"*, conceito criado por ele, considerava a mentira inaceitável em qualquer circunstância; e na Bíblia temos o oitavo mandamento das leis de Deus, que prescreve como pecado levantar falso testemunho, ou seja, mentir. Mas sabemos que na vida prática nem os cristãos nem os admiradores do famoso filósofo seguem este preceito. A realidade corrobora, sem dúvida, a percepção do escritor **Machado de Assis**, para quem às vezes mentimos tão naturalmente quanto respiramos.

No campo da política, já que trataremos da democracia, **Maquiavel**, no início do século XVI, em sua obra mais conhecida, *"O Príncipe"*, já nos alertava que "os fins justificam os meios" e que a astúcia é uma das grandes virtudes do governante, o que o leva naturalmente ao uso da mentira para alcançar seus objetivos. A história anterior e posterior a Maquiavel é farta de exemplos que corroboram essa afirmativa. Citarei dois casos bastante conhecidos. **Stálin**, ditador soviético, utilizava a estratégia de falsificar livros de história, documentos oficiais e fotografias para apagar o registro dos nomes e das imagens de seus desafetos, especialmente de **Trotski**. A falsificação da história é uma das modalidades de *fake news*, é claro. No regime de **Hitler**, **Joseph Goebbels**, ministro da propaganda, torturava os fatos tentando apagar as derrotas do Reich na guerra ou superestimar suas vitórias, tudo para manter elevada a moral do povo alemão, de acordo com a vontade de seu chefe. Mas os exemplos são muitos, e nenhuma ideologia específica tem o monopólio da produção e divulgação de *fake news*: a esquerda e a direita utilizam igualmente esta prática com grande desenvoltura e sem nenhum pudor.

Um caso brasileiro que chama a atenção é o do jornalista **Assis Chateaubriand**. Em sua biografia, *"Chatô, O Rei do Brasil"*, escrita por **Fernando Morais**, são relatados inúmeros episódios nos quais o magnata das comunicações disparava, em seus diversos órgãos de imprensa, vitupérios e mentiras contra seus concorrentes, adversários políticos e desafetos, e em muitos casos o fazia motivado por desavenças puramente pessoais. "Chatô" chantageava, criava conspirações, destruía reputações e até mesmo forçava o governo a adotar medidas de seu interesse. Na ausência de uma lei de imprensa, as mentiras e calúnias do jornalista, milionário e influente, passavam sem qualquer punição, e muitas eram tomadas como verdadeiras por boa parte de seus incautos leitores e ouvintes.

Mas tudo isso quer dizer que não devamos nos preocupar com as *fake news*, ou que devamos considerar a mentira como um elemento natural das relações humanas, ou, ainda, que não há uma forma eficaz de combatê-las, mesmo quando elas produzem consequências coletivas graves? Claro que a resposta é não!

Igor Santos: Certamente penso como você, José Ricardo, e também acredito que não devamos considerá-la como algo dado, aceitando ou perpetuando a sua naturalização. Até porque, como estamos vendo diariamente, a mentira não só não é natural, como carrega as suas intencionalidades e podem influenciar, de forma muito prática, o comportamento da sociedade. Possuem, portanto, um caráter político e se estabelecem como conjunto de forças que atuam no contexto das relações de poder. E se nos lembrarmos dos ensinamentos de Foucault, já muito bem lembrado pelo Saulo anteriormente, consideraremos que as *fake news* podem atuar como mais um dos pólos nos quais se situam a chamada "microfísica do poder". Além do mais, mentir é fácil, difícil mesmo, já que estou me referindo a Foucault é termos a "coragem da verdade".

Tenho como uma suspeita que as *fake news* possam ser uma espécie de "irmã gêmea" do ressentimento, e isso porque, normalmente, os inventores de mentira escolhem, como alvos para a sua detração, pessoas que, por alguma razão, se destacam mais do que eles. Dificilmente alguém inventaria algo sobre outra pessoa sendo, essa outra pessoa, uma figura irrelevante ou pouco ameaçadora.

Logo no início do século XVI, em 1522, quando o nosso país ainda era recém "descoberto" (adotando, aqui, a narrativa comumente – e erroneamente – difundida em torno do dito "descobrimento do Brasil), houve um conclave em Roma para a escolha do novo papa. Dali sairia eleito o papa **Adriano VI**, substituto de **Leão X**. Na ocasião, e segundo rumores, um dos candidatos ao cargo, o cardeal **Médici**, havia encomendado de um escritor famoso da época, **Pietro Aretino**, escritos difamatórios para atacar e diminuir a credibilidade de outros candidatos. Os escritos de Aretino eram conhecidos devido ao tom erótico que ele utilizava e, munindo-se disso, o autor atendeu ao "cardeal encrenquinha" e espalhou, na famosa estátua Pasquino, localizada numa praça há 3 quilômetros de Roma, pedaços de papeis com textos difamatórios. Esse episódio é tão relevante que vem daí a expressão "Pasquim", como sendo jornais e outros escritos com conteúdos e tons satíricos e difamatórios.

No final do século XVIII, as *fake news* fizeram mais uma vítima. Dessa vez, as histórias inventadas levaram uma rainha a perder a cabeça, e o aspecto dramático e a ausência das aspas para esta expressão deve-se ao fato de que isso tenha ocorrido literalmente. É famosa a frase *"Se não tem pão, que comam brioches"*, atribuída à **Maria Antonieta** em um cenário tenso, com revoltas e insatisfações populares que marcaram e se espalharam pela França revolucionária, desejosa pelo fim da chamada sociedade de Antigo Regime. O ponto lamentável é que essa frase nunca foi dita, de fato, por Antonieta. Mas, as *fake news* não se preocupam com as possíveis consequências, o que buscam é alterar e exercer controle sobre a opinião pública a fim de que determinada narrativa possa se tornar dominante, custe o que custar, ou, como foi o caso, cortando-se a cabeça de quem tiver de cortar.

Você mencionou, José Ricardo, Kant e foi muito feliz ao fazê-lo porque, para o filósofo alemão, se tivéssemos dúvidas quanto à criação de determinada norma, conduta ou costume, o seu conselho era o de que deveríamos refletir sobre a validade e viabilidade do compartilhamento deste princípio. Se ele pudesse ser compartilhado com todos, ótimo, poderia ser considerado ético. Caso contrário, não deveríamos considerá-lo como algo válido ou passível de ser aplicado ao grupo. E isso é, precisamente, o que acontece com as mentiras. Ao serem validadas, podem comprometer todo um mecanismo de ordenamento social, dado que os valores de referências tenderiam a se perder ou serem corrompidos. Imaginem o estrago que isso poderia causar à nossa tão jovem e manca democracia.

Se ética, como já nos lembramos da definição proposta por Clóvis de Barros Filho, pode ser compreendida como sendo a inteligência compartilhada a serviço do aperfeiçoamento da convivência, considerar a mentira como algo válido, seria, em última instância, viabilizar o processo de adoecimento da sociedade. Difundir mentiras ou não questionar a sua existência é pré-datar um cheque cujo desconto será a assinatura da sentença do nosso regime democrático. E, por isso mesmo, reitero aqui o que já disse noutras oportunidades: a liberdade de expressão não pode estar acima do bem e do mal. Ela não pode ser uma "carta na manga" que a utilizamos quando temos como propósito inventar mentiras ou para apoiá-las por quaisquer tipos de conveniência.

José Ricardo: Concordo, Igor, e convém destacar que a democracia liberal, representativa, é o único regime de governo existente hoje no mundo que defende as liberdades de pensamento e de expressão, entre outras, e que desenvolve uma estrutura jurídica para garanti-las. Estes direitos nos permitem interpretar e julgar fatos, de acordo com nossas orientações ideológicas, mas não nos permite inventá-los, distorcê-los ou divulgar aqueles que são falsos. As *fake news* corrompem o princípio máximo da democracia que é o da soberania popular, que fundamenta a formação e o controle do poder político como resultante da livre vontade dos cidadãos. Pois a mentira cria uma percepção acerca da realidade que não está baseada nos fatos realmente existentes, os que nós podemos interpretar e julgar, mas sim em falsidades que induzem os cidadãos a erros de avaliação por levá-los a acreditar em algo que não existe ou que não aconteceu. Quem, na vida política, utiliza as *fake news* e evoca as liberdades de pensamento e de expressão como escudo, ou não entende o que estas liberdades significam ou é simplesmente um cínico. Qualquer pessoa tem o direito de se opor, por exemplo, à educação sexual nas escolas e argumentar acerca de seu ponto de vista, mas não tem o direito de afirmar que as escolas distribuem "kits gay" para as crianças porque isso não é verdade. Ainda que os direitos individuais consagrados pela democracia constituam pilares deste regime, nenhum destes direitos é absoluto, todos têm limites, e no caso das *fake news* nem se trata disso, pois a mentira acerca da ocorrência de fatos nada tem a ver com liberdade de pensamento e de expressão: é simplesmente mentira.

Mas avançando um pouco mais no tema dos limites das liberdades de expressão e de pensamento, a democracia não pode incorrer num paradoxo: garantir a liberdade de expressão para grupos que tenham como objetivo destrui-la ou enfraquecê-la. Ideologias que negam a democracia não devem ser toleradas. Pessoas que pedem a volta do A.I. 5, o fechamento do STF (Superior Tribunal Federal) e intervenção militar, atentam contra a ordem democrática e, por conseguinte, renunciam a qualquer direito individual que só este regime garante, incluindo o da liberdade de expressão. Isso serve para ideologias de esquerda e de direita.

Igor Santos: Isso serve, na verdade, para todos aqueles que ainda não entenderam uma máxima que as nossas mães costumavam dizer e cuja origem remonta ao século XVIII, quando as noções de liberdade e igualdade começaram a ser discutidas pelos teóricos e pensadores iluministas. Essa noção é a de que o nosso direito termina quando o do outro começa. Isso me parece tão elementar, tão óbvio. E por que eu digo isso? Porque você pontuou muito bem algo que se encontra fora da noção de liberdade de expressão. Apologia ou defesa de torturas e torturadores, de regimes de exceção, que desconsideram os direitos individuais, como o A. I. 5, por exemplo, são constitucionalmente indefensáveis. Ou seja, não se pode defender isso. Por que não? Porque não! Ponto final.

O limite da liberdade de expressão é (e deve continuar sendo) a lei. Não posso defender ou elogiar o racismo, assim como também não posso defender ou elogiar a pedofilia, ou a violência contra a mulher. Não interessa o quão acéfalo eu venha ser, se eu convivo numa sociedade, é meu dever acatar as leis, sobretudo quando, como é o caso, a pauta em questão oferece ameaça para determinado grupo social. É aquela antiga questão já muito bem defendida pelo filósofo **Karl Popper**, a intolerância, se for tolerada a partir da noção de tolerância, levará ao fim da própria tolerância como princípio válido. Isto é, como nos advertia o filósofo austríaco, devemos ser intolerantes com a intolerância.

José Ricardo: Pois é, Igor, numa das manifestações contra o governo Bolsonaro, cujos organizadores diziam ser em defesa da democracia, podia-se ver uma faixa em que se pedia a instalação da ditadura do proletariado. Ora, como defender a democracia e exaltar uma ditadura, seja de que tipo for, ao mesmo tempo? Defendo, portanto, que organizações neofascistas, neonazistas e comunistas ortodoxas não possam funcionar livremente, pois elas desprezam os valores democráticos e os combatem sempre que podem.

Ainda que as *fake news* não constituam novidade, nos tempos atuais elas se tornaram potencialmente mais perigosas devido aos avanços tecnológicos. As redes sociais alcançam instantaneamente milhões de pessoas e é como uma doença com alto poder de contaminação (já que, ao longo do livro, fazemos referência à pandemia). Embora esta nova realidade das comunicações tenha trazido uma série de vantagens e facilidades em todos os campos de interação humana, ela apresenta também seus aspectos negativos já salientados por muitos estudiosos, como **Manuel Castells**, em sua obra seminal sobre redes sociais, *"A Sociedade em Rede"*. O autor nos adverte que as redes sociais podem ser usadas para disseminar desinformação, ser abrigos de criminosos e de grupos extremistas, como hoje sabemos tão bem.

Pudemos constatar o perigo que as redes representam a partir dos fatos ocorridos durante a pandemia da Covid-19: propaganda de remédios supostamente milagrosos, que na verdade não possuíam qualquer eficácia para tratar a doença, tratamentos alternativos sem qualquer comprovação científica e até mesmo a insinuação de que as vacinas causavam AIDS. Será muito difícil saber quantas pessoas perderam a vida ou ficaram com sequelas por conta dessas *fake news*, provavelmente dezenas de milhares.

A regulação das redes sociais constitui, portanto, um aperfeiçoamento da ordem democrática. Mais que isso: nenhuma sociedade civilizada pode conviver com práticas que produzem grandes consequências coletivas sem regulamentá-las. Resgatando a noção de "anomia", de Émile Durkheim, a desregulamentação é fonte potencial de conflitos que esgarçam o tecido social e ameaçam a possibilidade de manutenção da ordem, da organização de uma coletividade. O Poder Público e iniciativas individuais, no sentido de se denunciar as *fake news* e de tomar todos os cuidados para não disseminá-las, devem somar forças para enfrentarmos este problema contemporâneo que constitui uma ameaça à democracia, às liberdades individuais e, em última instância, à própria civilização moderna. Mas e vocês, meus parceiros neste diálogo, concordam com a regulamentação das redes sociais?

Igor Santos: Serei "curto e grosso" porque quero saber do Saulo como a Psicologia pode nos auxiliar com esta reflexão.

Se concordo com a regulamentação das redes sociais? Sim. A regulamentação, na minha concepção não é um tipo de censura, mas uma maneira de organização de algo que é ou pode ser utilizado e, nesta condição, precisa considerar o zelo pela boa convivência. Mesmo nas redes.

Saulo Demicheli: O hercúleo trabalho em tipificar a mentira perpassa, invariavelmente, pelo ciclo comportamental humano em sua longa história. Tratarei aqui a expressão, em tempo tão popular, as *fake news,* como de fato é, o ato de mentir.

Para o indivíduo, passar pela mortalidade, em pleno convívio social, com todos os fragmentos que constituem a enorme dificuldade de ser, sem a alcunha de mentiroso, seria como a sentença de uma vida curta. Quando olhamos para determinado período do desenvolvimento infantil, percebemos que o ato de mentir nos é apresentado como possível solução, muito precocemente em nós, uma habilidade aprendida e desenvolvida mesmo que, em linhas gerais, seja rechaçada, repreendida como algo que não devemos ser, mentirosos. Ao pensarmos na mentira, partindo desse pequeno fragmento do desenvolvimento infantil, podemos entender qual é o fio condutor que nos leva a mentir, basicamente a recompensa.

A mentira, ao longo do desenvolvimento civilizatório, foi usada como fundamental ferramenta no processo de persuasão. Como bem trouxe nosso colega Joé Ricardo, ao fazer referência aos métodos utilizados por Joseph Goebbels que fez de seu ministério da propaganda nazista uma verdadeira máquina de guerra propagandista. Goebbels entregava uma ilusão prazerosa, distópica e mentirosa, porém, persuasiva.

Em tempos atuais, podemos perceber, em conflitos espalhados pelo mundo, mas em especial com a invasão da Ucrânia pela Rússia, a mesma máquina propagandista agindo, com todas as ferramentas tecnológicas atuais, com toda propulsão supersônica da comunicação. Ou seja, fatos acontecem, ambos os lados possuem a mesma resposta, mas com argumentos diferentes, o que nos faz pensar que, segundo nosso entendimento padrão sobre o ato de iludir, que um dos lados está mentindo. Mentir também consiste em convencer, em iludir.

Para Freud, o princípio da realidade está diretamente ligado ao adiamento da gratificação que se opõe diretamente ao princípio do prazer, o que naturalmente faz o indivíduo correr direto para os braços do prazer, evitando qualquer dor ou restrição. Podemos refletir um pouco a partir de Freud porque recebemos tão facilmente mentiras que são muitas vezes descabidas.

O sistema democrático que conhecemos é o único que nos permite externar a nossa opinião sem que caia sobre nós a mão pesada da censura, da mordaça, mas precisamos entender que o sistema democrático também possui a sua mazela, em específico o lado derrotado.

Neste caso o que se vê em tempos atuais é uma enorme manifestação do egocentrismo humano que, em tese, mostra sua incapacidade de aceitar que momentaneamente podemos transitar pela mazela democrática, pelo lado derrotado.

Essa incapacidade de discernir sobre escolha majoritária, de promover a resiliência como ferramenta indispensável, entre outros, leva ao comportamento questionatório e deturpador acerca da democracia. Podemos usar o princípio do prazer de Freud novamente para entendermos esse comportamento egoísta; se não pertenço à parte majoritária, o que me resta é a dor ou a restrição, o que poderíamos aqui entender como o princípio da realidade, portanto, como uma criança no ápice de uma birra, questiono a democracia por não fazer parte do lado glorioso da vitória, mesmo sabendo que tenho data marcada para tentar novamente virar esse jogo.

Na contemporaneidade, onde construímos o metaverso como comportamento social, qual seria o alcance da verdade? Qual seria a percepção da realidade? A qual falácia nos pertencemos?

5. AINDA SOMOS OS MESMOS

José Ricardo: Temos ouvido insistentemente, especialmente por parte da mídia, que o Brasil vive nos últimos anos um clima de polarização política prejudicial ao país. Esta polarização estaria alimentando uma crise política que se arrasta desde 2014, cujas causas foram: o escândalo de corrupção na Petrobrás, uma eleição muito disputada para presidente da república entre **Dilma** e **Aécio**, que dividiu o país, o questionamento dos derrotados acerca do resultado das eleições, o *impeachment* da presidente e, por fim, a ascensão de **Bolsonaro** e do "bolsonarismo", com suas tendências autoritárias. Dois aspectos me parecem fundamentais para discutirmos essa questão.

O primeiro é que uma polarização política em si não é necessariamente prejudicial a um país. Nas democracias encontramos muitos casos que confirmam este ponto de vista. Nos EUA, por exemplo, democratas e republicanos se revezam no poder há quase dois séculos, sem que isso represente qualquer risco de radicalização da sociedade ou para a ordem democrática. Na Inglaterra, o revezamento se dá, quase sempre, entre conservadores e trabalhistas, com os demais partidos ocupando a posição de figurantes. Na Alemanha, o poder é capitaneado ou pela Democracia Cristã ou pelo Partido Socialdemocrata desde a Segunda Guerra Mundial. Em Israel temos o Likud, de direita, e o Partido Trabalhista, de esquerda, como grandes protagonistas, embora este último venha perdendo muito espaço desde a década passada. Há muitos outros exemplos, mas estes já são suficientes para demonstrar que mesmo em democracias sólidas pode haver um quadro permanente de polarização política como característica daquela sociedade e de seu sistema político, sem que isso seja um fator de instabilidade ou de crise. Chega a ser até natural que isso ocorra, afinal não existem tantas ideologias políticas que justifiquem diversas posições contrastantes. O mais normal é ter um partido forte, mais à direita, de cunho liberal, e outro, mais à esquerda, socialdemocrata, com o centro servindo de "fiel da balança" no momento de composição de alianças e para se garantir a governabilidade.

Pensando no Brasil, na verdade a polarização existe desde 1994. Até 2014, PSDB e PT disputaram nada menos do que seis eleições presidenciais como grandes adversários, sem que houvesse nenhuma outra força política capaz de se colocar como uma terceira via com chances reais de vitória. Em 2018, o PT permaneceu como um dos pólos, enquanto o PSDB perdeu prestígio e deu lugar a Bolsonaro. Sendo assim, por que o quadro atual é visto por muita gente como maléfico para o nosso sistema político e para a sociedade em geral?

Igor Santos: A minha impressão, sobre isso, é a de que estamos encarando política, como costuma-se vivenciar partidas de futebol, isto é, a partir de afetos e de emoções. Já fizemos uma discussão sobre isso no livro *"Questões do Nosso Tempo"*, José Ricardo, quando refletimos com a nossa colega Maíra Barroso, e lá conversamos a respeito da forma apaixonada pela qual lidamos com o espectro político. Sendo assim, não vou "chover no molhado", como é comum dizer. Mas, quero me delongar num outro ponto que acho relevante.

Pensando na polarização enquanto uma tendência de anulação do outro, de ausência de diálogo e a partir de um radicalismo que impede que o aspecto relacional se estabeleça, tendo a considerar a nossa polarização dentro de uma noção que envolve os "conflitos" e os "confrontos". Vou fazer uma ressalva quanto a esses dois termos para não deixar dúvidas e já adianto que essa minha visão é subjetiva e que, portanto, alguém pode ter outro modelo mental de compreensão e explicação desses fenômenos.

Vejo a noção de conflito como algo saudável, já que a compreendo como sendo uma divergência de ideias que, apresentando discussões em torno de pontos de vistas distintos, contribui para a riqueza de um debate. Assim, o conflito é enriquecedor e pode viabilizar o refinamento do pensamento. Aqui, José Ricardo, voltando à sua chave de leitura, que é política, considero o conflito saudável para o regime democrático. Já o confronto está noutra vertente. Normalmente, ele é reativo e o seu objetivo é o de anular o outro, o interlocutor. Em um confronto, a racionalidade e uma discussão propositiva dão espaços a ofensas e xingamentos de todos os tipos, pois, ali, o importante é "vencer o debate" ou, muito em voga nos dias atuais, "lacrar". E, neste aspecto, as redes sociais não me deixam mentir.

Sérgio Buarque de Holanda, em 1936, publicou o livro *"Raízes do Brasil"*, considerado um verdadeiro clássico para entendermos a história do nosso país e algumas das características da nossa sociedade. Na definição de Ítalo Calvino, autor italiano do século XX, clássicos são aqueles livros que, não importa o tempo em que foram publicados, sempre têm algo a nos dizer. E o livro "Raízes do Brasil" é exatamente assim. Enfim, Sérgio Buarque, nesta obra, nos define como sendo "cordiais".

Esse conceito de cordialidade, ao longo dos anos, foi entendido de maneira incorreta em diversos momentos. Muitos, o confundiram com a noção de gentileza e passaram a criticar o Sérgio, dizendo que não somos bem assim, tão dóceis. Acontece que o Sérgio não disse e nunca quis dizer isso. A sua constatação de que somos cordiais fazia referência apenas ao fato de agirmos com o nosso coração, *"cordialis"* em latim. O que o autor de "Raízes do Brasil" queria dizer era apenas que agimos emocionalmente e afetivamente em diversos contextos das nossas vidas, inclusive para o mal. Somos cordiais nas relações interpessoais. Lembra-se de quando privilegiamos amigos em contextos específicos? De quando, numa relação comercial, tentamos virar amigos de um negociante a fim de conseguirmos certos descontos? De quando buscamos privilégios em alguns contextos específicos? Então, isso é ser cordial. Acho que se o Sérgio estivesse vivo hoje, também destacaria a nossa cordialidade nas Redes Sociais, no trânsito, nas defesas às ideologias políticas, etc.

Dessa forma, como você, não vejo problema em uma "polarização política", mas, honestamente, não acho que tenhamos esse tipo de polarização no Brasil atual. Para mim, o que temos é uma espécie de "polarização dos afetos". São os gostos, a pessoalidade, os interesses e outros fatores que compõem a subjetividade humana que levamos para a "Ágora contemporânea", que são as redes sociais. Estamos pensando e fazendo política com o coração apenas. Quando isso acontece, abrimos precedentes para nossas subjetividades se aflorarem e, dentro de um vínculo de solidariedade para com aqueles que pensam como eu, estabelecemos, mediante frágeis, poucos ou nenhum critério, os nossos heróis e os nossos vilões. Essa tem sido a minha percepção quanto ao cenário em que vivemos.

José Ricardo: Seu comentário, Igor, me permite abordar o segundo aspecto da discussão. Polarização não significa que a disputa se dá entre pólos diametralmente opostos em termos ideológicos, como nos mostram os exemplos desses países acima. A distância que separa Democratas de Republicanos, nos EUA, Trabalhistas de Conservadores, na Inglaterra, Democratas Cristãos de Socialdemocratas, na Alemanha, e assim por diante, está longe de representar uma disputa entre extremos. Mesmo no Brasil, o que ocorre hoje, e que se viu nas últimas eleições presidenciais, não é um confronto entre extrema direita e extrema esquerda. Bolsonaro está muito mais próximo da extrema direita do que Lula, da extrema esquerda. Lula fez um governo de centro-esquerda, sem nenhum radicalismo, e sua escolha por Alckmin para vice - um político reconhecidamente de centro, mais para a direita - indica que ele quer repetir a fórmula dos seus dois mandatos e até mesmo ampliá-la, formando um governo de frente ampla. Já Bolsonaro, combina conservadorismo nos costumes com um discurso ultraliberal em economia, o que o situaria no campo da direita conservadora. Até aí tudo bem, pois o espectro democrático comporta sem problemas uma direita conservadora. O que identifica Bolsonaro com o extremismo político são as suas tendências autoritárias, que se revelam em sua participação em manifestações antidemocráticas, no seu discurso virulento contra os adversários, na sua defesa da ditadura militar e nos ataques descabidos que ele proferiu e estimulou contra as instituições judiciárias e as urnas eletrônicas.

O que me preocupa, portanto, não é a polarização em si, mas sim o fato de que temos num dos pólos uma liderança que diuturnamente revela seu desapreço pelos princípios básicos da ordem democrática. E é ainda mais exasperante constatarmos que este candidato alcança a simpatia de uma parcela significativa da população, que segue seus passos fanaticamente, como pudemos constatar nas manifestações golpistas, e em alguns casos violentas, após o fim das eleições que apontaram a vitória de Lula.

A literatura política é farta de reflexões que apontam as imperfeições, problemas e dilemas do regime democrático. Como sugestão de leitura, vou citar aqui três autores e obras: **Norberto Bobbio**, *"O Futuro da Democracia"*, **Paul Hirst**, *"A Democracia Representativa e Seus Limites"*, e **Steven Levitsky & Daniel Ziblatt**, *"Como Morrem as Democracias"*. Um dos diversos pontos destacados por estes autores é a deficiência na formação da cultura cívica dos cidadãos, o que dificulta um entendimento mais consistente acerca dos princípios democráticos. A democracia ainda não é considerada por muita gente como valor universal, como elemento indispensável ao avanço civilizatório e que, por isso, deve ser preservada. Muitos povos parecem perigosamente suscetíveis a diferentes formas de populismo, e, em momentos de crise, se deixam facilmente encantar por apelos autoritários e por discursos messiânicos de lideranças carismáticas. O resultado é a incapacidade de se perceber quando as instituições democráticas estão sob risco de ruptura, uma falta de diligência que pode levar à corrosão progressiva desse regime. E esse risco acomete, sobretudo, os países com pouca tradição democrática, como é o caso do Brasil.

Esse é o meu maior medo porque eu percebo que boa parte da população brasileira não está ciente do que se passa, não percebe a questão de fundo da atual polarização, e se fixa numa adesão a nomes, a personalidades políticas somente. Outro aspecto que quero destacar é que vivemos uma situação que extrapola o cenário político e eleitoral e contamina as relações interpessoais, inclusive as familiares.

Conheço vários casos de amigos e parentes que cortaram relações por razões de divergências políticas. As pessoas estão se fechando em bolhas. Não há diálogo. Sobram ofensas. Ninguém quer mais convencer ninguém com argumentos. Esta é uma das piores consequências do extremismo: não há como buscar convergências, um meio-termo. A realidade é vista de forma binária, o *"nós"* e o *"eles"*, uma luta do *"bem"* contra o *"mal"*. O extremismo apequena o pensamento porque nega as complexidades do mundo, elimina a dúvida, fornece respostas prontas, despreza as diferenças, dispensa a reflexão e faz com que os tolerantes se tornem intolerantes, pois não se pode ser tolerante com a intolerância. A única forma de sairmos desse obscurantismo é rejeitarmos os extremos, o dogmatismo, o fanatismo. Torço para que encontremos essa saída. E vocês parceiros, o que pensam dessa questão?

Igor Santos: A sua conclusão apenas reforça a minha suspeita: a de que estamos vivendo numa espécie de polarização afetiva.

Saulo Demicheli: Polarização, dualidade político-ideológica, frentes distintas em prol dos conceitos democráticos, pontos de vista diferentes buscando soluções para o coletivo, é disso que estamos falando? Não há, no Brasil, uma lógica política discursiva, com o perdão da afirmação.

Para que tenhamos, minimamente, uma população disposta a discutir a política como de fato ela é, precisaremos alterar a nossa construção básica do saber. Nosso conhecimento político, aquilo que aprendemos na nossa formação, aliado à nossa sede de "beber da fonte do saber" é tão raso quanto uma piscina de criança. Começamos com um sistema político de dificilíssimo entendimento pleno, em suas amplas constituições. O papel do servidor que ocupa temporariamente um cargo político ainda é muito mal compreendido, o que torna uma discussão muito pautada em ausência de elementos argumentativos significativos. Não há a menor chance de extrair algo positivo quando o conhecimento acerca do assunto é falacioso.

O que se vê nos polos de discussão é uma tentativa de se apropriar do poder através da alienação. O que precisamos para entender melhor a importância de nosso voto? Somos um país de mazelas estratosféricas, isso já deveria garantir que cada cidadão desse país nascesse o próprio "cientista político", mas nem de longe isso acontece. Para além desse terror básico-educacional, contamos na atualidade com premissas autoritárias e antidemocráticas assolando o nosso bem estar. O que se vê, é que toda essa tentativa de alcançar e se manter no poder não se justifica, em sua grande maioria, para que possam zelar pelo bem maior, ou mais urgente de nossa população, mas para obtenção de garantias próprias.

O que se nota é que o *lobby* político-partidário dita um direcionamento comportamental no nosso país e, de fato, nos coloca em rota de colisão com pessoas até outrora muito próximas, o que escancara a nossa total falta de habilidade social, ao passo que a sua escolha política revela muito de sua formação enquanto ser, a construção do seu "EU" é exposta nas suas escolhas políticas, a saber; quando escolhemos um candidato, seja para síndico do nosso condomínio, seja para chefe do executivo, salvo quando esse voto tenha raízes no *"voto de cabresto"*, nossas escolhas são, em larga maioria, feitas por identificação, ou seja, existe algo naquele candidato que me representa de alguma forma ao ponto de eu escolhê-lo no pleito. E nessa dualidade extremista que vivemos na atualidade, essas escolhas escancaram o que há de pior nas pessoas.

Nossas escolhas falam muito de nossa forma de ser e agir e essa revelação em tempos atuais pode ser assustadora.

6. O QUE APRENDEMOS COM A PANDEMIA DE COVID-19?

Igor Santos: Responder a essa pergunta não é uma tarefa fácil, por mais que possa parecer o contrário. Tendo em vista as mortes, os desafios das novas aprendizagens (de todos os tipos - sobre casa, trabalho, relacionamento interpessoal, ciência, política, etc.) e inúmeros outros fatores, eu até aceito que muitos pensem que seja fácil responder à pergunta inicial. Mas não é, e eu gostaria de fazer alguns apontamentos que considero relevantes.

Não voltarei a falar sobre Educação aqui porque já o fiz anteriormente, mas, neste campo, especificamente, ficou claro o quanto precisamos mudar. Como professor, em muitos momentos durante as aulas *online*, tive a sensação de estar vivenciando a máxima socrática do "só sei que nada sei", mas, definitivamente, não era nos moldes usados pelo pai da filosofia ocidental, **Sócrates**, que caminhando com seus discípulos, levava-os a reflexões sobre si e sobre o mundo e seus valores. No meu caso, apenas percebi a lacuna que eu carregava em minha formação.

Durante a graduação, lembro-me bem, estudei os pensamentos de **Paulo Freire**, **Vygotsky**, **Piaget**, **Bourdieu** e tantos outros teóricos da Educação. Sem dúvida eles me ajudaram e me ajudam bastante. No entanto, em momento algum, vi algo que me permitisse minimamente agir diante de um contexto como o que vivenciamos. E não dá para dizer apenas que é porque o que passamos representou algo excepcional, já que a pandemia foi, sim, fruto da contingência que marca a nossa vida, mas o uso de aulas remotas já não é mais novidade. Se a modalidade de Ensino à Distância no nível superior já fazia parte da nossa realidade, por que tamanha dificuldade, ou mesmo por que os professores ainda continuam despreparados para essas novas demandas? Não tenho uma resposta pronta. Talvez ela se dê no campo daquilo que eu já disse anteriormente: que a educação precisa preparar os estudantes para o mundo no qual estão inseridos e neste ponto, que é o principal, ainda pecamos. A desconexão entre o que estudamos, a forma como o fazemos, e a realidade na qual nos encontramos é abissal. Esse é o primeiro apontamento. Precisamos melhorar isso. O outro é de natureza distinta.

Durante a corrida em prol das vacinas, e posteriormente à sua criação, quando ela já estava sendo aplicada na população, vimos como a prática da corrupção ainda afeta até um setor tão delicado como o da saúde. Pessoas querendo tirar vantagens em tudo, bem hobbesianamente, como também apontei antes. Mas isso não é tudo. As políticas de imunização de certos países e no contexto da economia capitalista nos deixaram claro como o nosso individualismo é mesquinho e desconsidera o aspecto global. A distribuição de vacinas beneficiou uns em detrimento de outros. Me pergunto: se é uma pandemia e vivemos num mundo globalizado, conectado, qual é o sentido de não imunizar parte do todo? Logicamente, não sei, mas, no campo dos interesses de mercado, sabemos bem. Uma lição nesse sentido, e que o historiador **Yuval Noah Harari** também nos apontou em seu livro *"Notas sobre a pandemia"*, é que para problemas globais, soluções isolacionistas não são eficazes (para dizer o mínimo) e devem ser repensadas.

Por último, destaco outro pronto. Durante a pandemia e, principalmente, avaliando algumas das suas consequências imediatas, ficou nítido, para mim, o abismo entre os grupos sociais. A pandemia, nesse sentido, não representou apenas uma crise sanitária ou de saúde pública, mas questões estruturais, de raízes sociológicas, também ficaram evidentes. A diferença entre escolas públicas e particulares ficou mais explícita, ricos e pobres experienciaram o distanciamento social de formas distintas, trabalhadores sentiram na pele, também de forma diferente, as mudanças em suas logísticas de trabalho, alguns adotaram o *home-office*, outros tiveram seus estabelecimentos fechados, etc.

Enfim, são aprendizagens que eu compartilho com a sociologia e a psicologia para que vocês dois possam me ajudar a pensar sobre tudo isso. Acredito que daí surgiram e surgirão temas importantes nas duas áreas: sobre a própria desigualdade, organização dos espaços de convivência, dentro e fora de casa, questões emocionais e psicológicas nascidas de todo esse processo, dentre outras questões.

tudo mudou **63**

E vocês, o que aprenderam com a pandemia?

José Ricardo. Concordo com tudo isso que você falou e gostaria de acrescentar mais alguns pontos. Primeiro, a pandemia nos mostrou a importância que o SUS tem para o Brasil. Já imaginaram o que seria se não tivéssemos um sistema público e universal de saúde? Se, diante da pobreza avassaladora que caracteriza o país, vacinas e tratamentos não fossem gratuitos, estaríamos contando os mortos aos milhões, sem falar na subnotificação, que deve ser grande, mas que seria muitas vezes maior sem o Sistema.

Um segundo ponto é que a recalcitrância de algumas pessoas de usar máscaras ou tomar vacina revela, além de receios infundados, frutos da desinformação, uma distorção do princípio da liberdade individual, pois esta não inclui colocar a vida do outro em risco diante de uma situação de emergência sanitária. Por último, destaco a necessidade de combatermos as *fake news*, pois vimos o quanto elas podem ser nocivas. Certamente a desinformação sobre as vacinas e o estímulo ao uso de remédios sem eficácia tirou muitas vidas. São lições a serem assimiladas para não repetirmos os mesmos erros.

Saulo Demicheli: Em meus textos aqui dispostos, procurei a todo o momento trazer contrapontos factuais, assim como meus nobres colegas, diante da minha esfera de atuação: a psicologia, mais precisamente pautada no comportamento humano. Por vezes, me coloquei extremamente ponderado, o que, por certo, caracteriza minha forma de ver o mundo, mas escrever sobre o que aprendemos com a pandemia instiga em mim a necessidade de uma fala mais visceral, afinal de contas, nossos registros nessa obra tem o intuito de promover, junto ao leitor, reflexões que vão muito além de simples opiniões. Aqui, em parcas linhas escritas, entre várias doses de café, encontram-se constatações dilacerantes, que me fazem pensar exaustivamente no nosso papel social diante do mundo, para além, de nosso papel humano, de nossa estrutura enquanto espécie humana.

Olhando para a realidade nua e crua, concreta do dia a dia, ficou evidente na vida de qualquer ser humano vivo não eremita, habitante deste planeta chamado terra que, graças a avanços tecnológicos consideráveis num curto período de tempo, foi possível se fazer valer de ferramentas incríveis que em tempos de calmaria, em situações cotidianas, não as víamos como algo primordial. E foram. A tecnologia proporcionou proximidade em tempos de isolamento, promoveu a manutenção do desenvolvimento educacional, estabeleceu novas formas de produtividade, inventou novas profissões, encheu de lirismo poético o coração dos artistas e fez muitos entenderem "ao pé da letra" o significado de *esperançar*, mas seria uma tática ilusória e romancista da minha parte mostrar apenas a agua límpida da pandemia, pois, na pratica, o que me saltou aos olhos foi o esgoto turvo e fétido pandêmico.

A educação mostrou-se dividida em partes distintas e separada por um abismo jamais visto, as condições profissionais minimamente privilegiadas de uns se opôs a quem, para garantir seu sustento e de seus pares, teve que atravessar o mar de lama promovido por uma crise de saúde fatal e mundial, o alto desemprego gerado pela pandemia, que em sua grande maioria atingiu os menos favorecidos, uma inflação galopante e uma economia claudicante, o assolar da fome e da miséria, o comportamento egoísta e desumano dos ditos humanos e uma falha de caráter mundial das instituições criadas em momentos de crises humanitárias históricas, onde prevaleceu, sem o menor constrangimento, os interesses territoriais. Nunca foi tão notável na nossa existência moderna a definição do "primeiro eu, depois, se sobrar, os outros".

Eu poderia continuar trazendo contribuições de vários teóricos que sustentassem a minha visão acerca do comportamento humano, mas, dessa vez, me colocarei nesse papel, sem o escudo altivo dos nossos teóricos.

A pandemia nos mostrou que a sociedade colapsou, emanou em vários momentos seus instintos mais primitivos e infelizmente nos evidenciou em muitos momentos que para *ser*, é necessário *ter,* porém, a morte não tem a habilidade necessária para fazer tal distinção. Foi isso que eu aprendi com a pandemia.

7. "CANCELAMENTO": O OSTRACISMO DAS REDES SOCIAIS

José Ricardo: Cancelamento é apenas um termo criado nos tempos das redes sociais para designar uma prática inerente à sociedade que se enquadra na noção de controle social. Uma boa discussão sobre essa noção pode ser encontrada em **Peter Berger**, em sua obra *"Perspectivas Sociológicas"*. A vida social é estruturada por um conjunto de regras, às quais chamamos valores, tradições, costumes e leis. A violação das regras pode acarretar risco para a manutenção da ordem, comprometendo a identidade do grupo.

A estabilidade social é garantida pelo processo de socialização, pelo qual as regras são internalizadas em cada membro do grupo, e pelos mecanismos de controle social, que servem para punir aqueles que violam as regras, com o objetivo de enquadrar os desviantes aos padrões estabelecidos pelo grupo. Mesmo as sociedades menos diferenciadas, culturalmente mais homogêneas, podem enfrentar situações de desvio, pois o processo de socialização, por mais rigoroso que seja, não é capaz de evitar completamente as ações desviantes e nem impedir mudanças que ocorrem pelo incremento tecnológico e pelo aumento da densidade moral do grupo, isto é, pela multiplicação dos contatos e relacionamentos sociais. Por isso, nenhuma coletividade organizada pode prescindir de mecanismos de controle social.

Freud afirmava que civilização é repressão, pois toda cultura desenvolve formas de punição para evitar práticas disruptivas que podem colocar em risco a integridade do grupo. As punições são tanto físicas quanto morais: violência, preconceito, ostracismo, ridicularização, utilização de termos pejorativos, tudo isso faz parte do controle social.

Nas sociedades modernas, que são altamente diferenciadas e nas quais se desenvolvem um sem número de subculturas, de padrões identitários, e os conflitos entre valores são comuns, o controle social manifesta-se de forma difusa, ora sendo aplicado para refrear práticas que dizem respeito à coletividade, ora para distinguir as diferenças entre grupos específicos. Punir um assassinato é um exemplo para o primeiro caso, o cancelamento pode servir como exemplo para o segundo.

Quando cancelamos alguém nas redes sociais, estamos apenas convocando nosso grupo identitário para punir quem adotou uma atitude ou comportamento, ou que emitiu uma opinião que contrasta com os nossos valores e preferências, um contraste que pode ser sentido como algo inaceitável, passível desta punição e que, se tratando de redes sociais, encontra no cancelamento um instrumento aparentemente eficaz para essa finalidade.

Como se vê, excetuando o próprio termo, não há nada de novo no cancelamento. Pode-se dizer que o ostracismo praticado pelos gregos, na antiguidade, o "Índex" - a lista de livros proibidos pela Igreja na Idade Média -, a remoção dos registros históricos de algum personagem político após este cair em desgraça, como fez Stalin com muitos dos revolucionários bolcheviques de 1917, são exemplos de cancelamento. A tecnologia é nova, mas há aspectos lógicos da constituição da vida em sociedade que são permanentes.

Igor Santos: Essa é uma boa discussão, José Ricardo, e você a situa de forma provocativa e instigante.

Como bem lembrado, ao longo da nossa história, as maneiras de "cancelamento" foram diversas. Citou o mundo grego, no qual a noção de "ostracismo" surgiu, no contexto político, mas, é possível que vislumbremos maneiras de exclusão organizadas pelo agrupamento social desde a chamada "pré-história". Não quero, aqui, ser aquilo que definimos em História como "anacrônico", ou seja, alguém que olha para o passado e, ao analisá-lo, utiliza valores de referências atuais. Isso empobrece e torna a análise equivocada e descontextualizada. Contudo, com isso quero dizer apenas que, desde a "pré-história", alguns valores de referências foram estabelecidos e aqueles que não se enquadravam dentro dessa seleção, seriam execrados e, em muitos momentos, desconsiderados, seria uma forma de "cancelamento", portanto.

Nos dias atuais, e na chamada "cultura do cancelamento", o que deve ser considerado também são dois aspectos que se situam em campos distintos, porém complementares dentro das agendas das redes sociais, um tem a ver com o mercado e o outro com grupos e pautas identitárias. Como o meu objetivo, como professor, nunca é dificultar as coisas, explicarei de uma forma mais clara.

Nas redes sociais, espaços nos quais os usuários ganharam voz para expressar o que pensam (para o bem e para o mal), as pessoas estão inseridas em noções interessantes de identitarismo e essas, por sua vez, precisam, para continuarem "no jogo", dialogar com as novas e barulhentas agendas sociais. Digo "barulhentas" não no sentido pejorativo, como sendo algo ruim, mas apenas porque de fato reúnem milhares de vozes, fazendo-se ouvirem.

Essas pautas têm gerado engajamento (palavra mágica no mundo das redes sociais. Todos estão em busca disso!) e passaram a possuir uma grande atenção por parte do mercado. É isso mesmo, a lógica capitalista passou a adotar determinadas pautas porque percebeu que condizia a um grupo forte, grande e, por conseguinte, um potencial público consumidor. O sistema capitalista não é bobo e percebeu que uma determinada demanda social, na medida em que não é ouvida, gera prejuízos. E se ele, como nos lembrava **Marx** no século XIX, criava suas próprias contradições internas, podendo leva-lo à sua decadência, também se tornou esperto demais a ponto de perceber que uma maneira de evitar ou adiar as suas crises esporádicas, é exatamente estando atento às agendas e pautas sociais. Fazendo essa "leitura de mercado", o sistema capitalista organiza-se dentro de uma nova lógica e estrutura de funcionamento, mais "inclusiva", em prol de determinadas "representatividades". É simples assim.

Em uma sociedade estruturalmente racista, como bem definiu **Silvio Almeida**, em seu livro *"Racismo estrutural"*, fundamentada durante séculos na lógica escravista, como é o Brasil, recentes movimentos antirracistas têm chamado a atenção de inúmeras empresas, não pela tomada de consciência, mas porque se percebeu que o público negro é amplo e deve ser também inserido na lógica de consumo. Esta lógica, perversa porém realista, também está presente nas pautas feministas e quaisquer outras que visem dialogar com representatividades de determinados grupos sociais.

Aqui, é importante destacar, não estou analisando as demandas dos grupos reivindicatórios ou daqueles que procuram ser ouvidos e/ou atendidos. Por mais que isso seja de extrema importância, sobretudo no Brasil, que é uma sociedade nascida e sustentada em torno de privilégios, distinções e desigualdades, não é o meu objetivo no texto. Coloco esses pontos apenas para pensarmos como as novas dinâmicas do cancelamento atuam em nossa sociedade, que é marcadamente capitalista.

Saulo Demicheli: o mundo proposto como realidade social, no qual estamos inseridos, é pautado em regulação legal, entenda-se o regime de leis, e a regulação moral, aquela pautada em nossos valores. Piaget trata uma regra, uma lei, como um "fato social", para ele, a moral é a constituição de um conjunto de regras que se pautam na relação entre os indivíduos. Podemos então entender que a linha tênue da moralidade paira, de forma invisível, sobre o comportamento humano.

A reverberação imediata provocada pelas ferramentas digitais permite a provocação do senso moral do indivíduo, de uma forma muito mais pungente. Cancelar é sobrepor sobre a ação de alguém a minha mais afiada lâmina, com base, claro, nos princípios morais que cada indivíduo possui. Mas como se dá, de fato, a formação moral no indivíduo?

Partindo de um viés psicológico, dentro do processo de desenvolvimento humano, a noção de moralidade pode ser caracterizada pelos valores adquiridos pelo individuo em sua formação, em seu desenvolvimento, iniciado pela constituição social primária, a família, e seus ambientes sociais de formação. Isso, por si, não exclui que, ao longo da vida, alguns conceitos de moralidade possam ser revistos, ao passo que o comportamento social é cíclico e, portanto, incide diretamente na nossa forma de pensar e, por conseguinte, de agir. A história da humanidade, em seus diferentes momentos temporais nos mostra isso.

Mas há, na atual cultura do cancelamento, um comportamento execrável, um linchamento sem precedentes informativos, seria como o ato de bater em alguém que já está apanhando, mas sem saber bem por que está batendo. Ato que pode ser um pouco explicado pela atuação do inconsciente coletivo, teoria vastamente desenvolvida por Jung, que a definia como a parte abissal da nossa mente, um absorvente natural de arquétipos avulsos. Todos estão batendo, vou bater também.

De certa forma, essa regulação moral quando acontece sem parâmetro sustentável, indica que o comportamento social atual está, cada vez mais, pautado no egocentrismo do ser, indicando que, habilidades sociais importantíssimas, no desenvolvimento de uma sociedade, genuinamente mais solidária, tal como empatia, está cada vez mais em segundo plano, imediatamente atrás daquele que atira a primeira pedra.

8. ONDE ESTAMOS E O QUE FAZEMOS? REFLEXÕES SOBRE O METAVERSO.

Saulo Demicheli: A dualidade da realidade. Essa simples afirmação nos traz um generoso paradoxo, afinal de contas, quantas realidades existem?

Ainda no florescer do século XXI, nos salta aos olhos as várias formas de interação. O ciclo da vida, puro e simples como outrora conhecemos, se transforma nas várias nuances digitais, frequentes no tempo presente, entre elas, o metaverso.

Neal Stephenson, escritor estadunidense, foi o primeiro a usar o termo, em sua obra *"Snow Crash"*, de 1992. Nessa obra, o autor ambienta um lugar para que se possa fugir da realidade e se instalar num novo ambiente, o metaverso. Podemos entender então que, esse ambiente destorcido da realidade ao qual conhecemos, foi projetado para uma "fuga" de nossas aterrorizantes atividades de vida diária. Talvez a pergunta não seria "como", mas "por que" criamos uma solução distópica para encararmos a vida?

Não obstante, a busca por elementos que consistem em promover uma realidade paralela, convive entre nós há bastante tempo. Há quem diga que o maior ato de resistência é viver. Os desdobramentos da vida implicam em vários momentos numa busca por prazer, numa busca onde as responsabilidades adquiridas não nos cobre um preço tão alto. Nessa perspectiva, o metaverso surge como uma possibilidade atual e, reflitamos, real.

Esse viés do "eu real" e do "eu ideal", mostra como o nosso comportamento direciona-se para uma necessidade contemporânea de sermos os mesmos, mas sob várias facetas. É, de fato, incrível a busca da humanidade por sensações de prazer infinda, já que no contexto de vida real, essa busca se mostra quase utópica.

Epicuro, filosofo grego, nos traz que o homem é inclinado a buscar o prazer e fugir da dor, e que, a partir do prazer, passamos a avaliar todas as outras coisas que compõem a nossa existência. O prazer que buscamos se encontra no metaverso?

Para além das questões mais existenciais, o metaverso se mostrou uma ferramenta de mercado com incrível vigor, além de um vasto campo de exploração. Grandes marcas vêm investindo alto na construção de atuações mercadológicas neste universo. Um campo, então, aparentemente infindo a ser explorado. Mas qual será o preço de mercado que pagaremos pela dualidade da realidade?

Igor Santos: não tenho certeza, Saulo, primeiramente, se o preço a ser pago pela vida vivida no metaverso, destoaria muito daquele que pagamos pela vida vivida na chamada realidade. Inclusive, se for para instigar ainda mais as nossas reflexões, podemos questionar até o fato de que alguns fazem uma análise dicotômica, colocando como coisas distintas, opostas até, o metaverso e a realidade. O metaverso não estaria na realidade, já que é nela que construímos tudo, até mesmo outras formas de experiências e sensações? E mais, vivendo na realidade, o que nos impulsiona, ao longo de toda a nossa existência, a criar mecanismos de fuga desta própria realidade?

As discussões em torno do que venha ser a realidade não é nova, por mais que possa nos parecer. Ela tem, no mínimo, uns 2500 anos. O filósofo **Platão**, nascido no século V, já nos chamava a atenção para esse aspecto, quando propunha a existência daquilo que ficou conhecido como "mundo material" e o "mundo das ideias". O filme *Matrix*, o primeiro, pelo menos, já que ele é o único compreensível para mim, retratou bem isso, a dualidade entre o mundo real e o das ideias e a possibilidade de se viver, no mundo das ideias, aquilo que ansiamos na realidade. Mas, sobre o metaverso, penso ainda em alguns outros pontos sobre os quais eu gostaria de discorrer.

É muito difícil falarmos em um povo ou em uma época em que as expectativas, os desejos e mesmo as utopias não tenham marcado, de algum modo, as suas visões de mundo. Somos seres imaginativos e não nos contentamos muito com a limitação imposta por determinadas realidade.

A busca dos cristãos pela "Terra Prometida", o sonho de se encontrar o "Eldorado", o paraíso terreal, no chamado "Novo Mundo", as narrativas em torno do "Valhalla" dos povos Vikings, a terra tem males dos povos originários, dentre outras tantas histórias, não seriam, de outro modo, uma maneira, mesmo que inconsciente, de se criar um universo que está para além da realidade, isto é, um metaverso? Creio que sim.

Ao que tudo indica, nós somos seres carentes disso e a realidade costuma não bastar para nós. As tecnologias e os ambientes virtuais, neste sentido, seriam mais uma das maneiras encontradas por nós para criarmos lugares de fuga e/ou locais onde podemos ser quem quisermos e fazer o que quisermos. Agora, uma coisa é fato, ao menos para mim: o mundo atual, marcado pelas lógicas e dinâmicas presentes nas relações capitalistas de produção e consumo, sem dúvida, deu e dará ao metaverso condições significativas de impactar a nossa vida, o que, como consequência, irá demandar, dentre outras coisas, discussões sobre ética nos espaços virtuais, já que ali também se dará a convivência e dali sairão efeitos que poderemos enxergar na "vida real", isto é, daquela que é vivida fora o mundo virtual. Imagino que tenhamos, ainda, que ensinar aos mais jovens como, depois de entrar no metaverso, farão para sair. E, aqui fora, como sobreviverão com os seus boletos na fase adulta.

Enfim, esse é mais um dos "abacaxis que teremos que descascar". Não há fórmula. Quem disser o contrário é, no mínimo, desinformado.

José Ricardo. Tentando seguir os passos de vocês, fico pensando nas diversas possibilidades que temos de fugir da nossa realidade imediata para outra, forjada por elementos que nós mesmos criamos por meio de nossas práticas culturais.

Quem já não ouviu falar daquela conhecida análise sobre o uso de drogas psicodélicas como sendo uma tentativa de fuga da realidade? Seria o mesmo caso da crença religiosa, da experiência artística e, agora, das virtualidades criadas pela tecnologia. Talvez seja esta uma característica intrínseca aos seres humanos, uma constante antropológica, relacionada diretamente à nossa própria consciência, uma propriedade imanente a ela.

A arte, a religião e as drogas – elementos que estão muitas vezes associados entre si – acompanham a humanidade há milênios, certamente desde as primeiras civilizações e também, como sabemos, estão presentes em sociedades ágrafas, como os povos indígenas. Se, por um lado, a transição para outra realidade pode ser buscada com o uso de substâncias que alteram nossas percepções, caso das drogas, por outro, somos capazes de manifestar nossas carências, desejos e esperanças por meio de elaborações mentais, o que chamamos imaginação, caso da religião e da arte.

Mas eu gostaria de acrescentar mais um ponto nessa discussão que nos é fornecido pela teoria sociológica. A chamada sociologia fenomenológica – cujo expoente é **Alfred Schutz** – preconizava que, do ponto de vista do indivíduo, a realidade é aquilo em que ele acredita ou absorve em sua experiência. Deus é real para quem acredita nele, e nossas ações no mundo estão condicionadas por aquilo em que acreditamos. Da mesma forma, uma árvore só existe para quem a vê, ou, de alguma forma, foi informado sobre sua existência, isto é, para quem tem consciência dela.

Por este ponto de vista, a própria noção de realidade pode ser relativizada, pois ela deixa de ser pensada como objetividade e passa a ser considerada como subjetividade, que só se materializa na nossa consciência. Então, sendo assim, caberia falar de realidades paralelas ou de fuga da realidade? Ou será que vivemos múltiplas realidades? Isso, Igor, que você chama vida real – colocando cautelosamente a expressão entre aspas – é uma possibilidade entre outras, pois ao mesmo tempo em que somos dotados de sentidos que nos ligam ao mundo físico, material, temos também a capacidade de criar outros mundos que podem ser experimentados como sendo tão reais quanto o primeiro, caso daquelas pessoas que, por exemplo, alcançam o êxtase religioso.

É muito difícil separarmos a ideia de realidade dos processos mentais que a engendram. E se consideramos a vida real no sentido do coletivo, do conjunto de atividades sociais nos quais estamos inseridos, o desejo de viver "outra realidade" pode ser pensado como manifestação da insuficiência das instituições que criamos para nos organizar de satisfazer certas necessidades que nos são intrínsecas, produtos da nossa própria *psique*. É como dizia o poeta **Ferreira Gullar**, o homem desenvolveu a arte porque a vida não basta.

O que há de novo, quando se fala em metaverso é que desenvolvemos mais um meio para multiplicarmos a realidade, este calcado na tecnologia. Não sei dizer quais as consequências que poderão advir daí, pois ainda estamos todos perplexos com a "novidade". Há, claro, os que se assustam e atinam para um futuro distópico, enquanto outros mergulham de cabeça nesse mundo virtual. Talvez caiba, aqui, a recorrente advertência de **Riobaldo** – personagem e narrador do monumental *"Grande Sertão: Veredas"*, de **Guimarães Rosa** -: "Viver é perigoso". E é mesmo, principalmente porque há tantas realidades a serem vividas.

9. EM TEMPOS DE CRISE... CRIE!

Igor Santos: "Crise" é uma daquelas palavras que estão na moda. E não me refiro, aqui, ao fato de termos passado por uma pandemia e, consequentemente, vivermos uma crise ou, ao menos, os resquícios de uma.

Sabemos que a pandemia de Covid-19 já deixou consequências notáveis e nefastas, como centenas de milhares de vidas que foram perdidas, por exemplo, além de desemprego, fome, dentre outras tragédias de ordem social, sanitária, educacional, econômica, etc. Uma das vantagens de ser historiador é o fato de que, ao nos depararmos com algo, buscamos logo algum correlato ao longo dos tempos, e a pandemia se enquadra bem nisso. Ela não foi a primeira e, muito possivelmente, não será a última da história da humanidade. No mínimo desde a chamada "Revolução Agrícola", há cerca de 10 mil anos atrás, quando os homens passaram a ter mais contato com alguns animais e, como consequência, desconhecidos micro-organismos, epidemias têm sido uma constante. A pandemia de Covid-19 não foi, nem de longe, a mais mortal. Há cem anos, tivemos a famosa "Gripe Espanhola", que foi mais danosa. Obviamente não estou, com isso, diminuindo as dores que sentiram aqueles que vivenciaram perdas. Toda vida é, em si, um valor absoluto. Quando digo que a Covid-19 não foi nem de longe a mais mortal das pandemias, refiro-me apenas ao seu aspecto quantitativo. Fazer essa ressalva, hoje em dia, é importante para que eu não corra o risco de ser "cancelado".

A moda na qual estou inserindo a palavra "crise" é outra. É aquela que também abarcou outras palavras, como *"Marketing"*, "Empreendedorismo", *"Mindset"*, "Energia", "Constelação Familiar" e outras que me cansam um pouco só de ouvir falar o nome. Tenho a sensação de que essas palavras vieram a calhar para os homens modernos porque, ressentidos, não conseguem lidar com a crueza da vida.

A noção de ressentimento, como a que aqui me refiro, vem do filósofo alemão **Nietzsche**, do século XIX. Para facilitar a compreensão desse conceito do "filósofo do martelo", como também ficou conhecido, posso dizer que ele nos ensinava que os ressentidos são aqueles que esperam mais das pessoas, das circunstâncias e das situações e se frustram quando suas expectativas não são correspondidas. Querem um exemplo de pessoa ressentida? Alguém que se magoa quando descobre que o sol não nasce e nem brilha para ele; que a chuva não cai por ele; alguém que se entristece quando outras pessoas não o notam, nem reconhecem nele grandes valores que ele não tem. Enfim, seria "a última bolacha do pacote", que se frustra quando alguém, ao invés de degustá-la com afinco por ser a última, faz pouco caso dela e a joga fora com o pacote e tudo mais.

Nos dias atuais, esses ressentidos procuram, constantemente, estratégias e gurus que lhes sirvam de bengala e que lhes tirem o peso de decisões que eles não querem tomar por conta própria. Sim, os ressentidos costumam fugir de certas responsabilidades.

Étienne de La Boétie, no século XVI, já nos dizia que, voluntariamente, nos oferecemos para servir a outrem para fugirmos da responsabilidade de nossas escolhas e atitudes. Ele escrevia dentro de um contexto político muito específico, questionando o fato das pessoas, sendo milhares, optarem por servirem e obedecerem a um único governante, a quem ele chamava de "tirano". A esse fenômeno, ele deu o nome de *"Servidão Voluntária"*. **Jean-Paul Sartre**, no século XX, associou as difíceis escolhas, geradas por um aumento de possibilidades e alternativas, ao sofrimento, já que elas poderiam conduzir a angústias. Seria aquela máxima: quero liberdade para escolher o que eu quiser, mas, tendo uma infinidade de opções, sofro por não saber bem o que escolher, já que toda escolha implica em perdas. Porém, convenhamos, todos nós sabemos que o ressentido não leu nem La Boétie nem Sartre. Ele apenas "foge do pau" mesmo.

A palavra "crise" nasceu na Grécia Antiga e dentro do contexto médico. Quando usavam essa palavra, os gregos sabiam exatamente o que queriam dizer, se referiam ao momento derradeiro, entre a administração de um medicamento e o processo de recuperação ou piora de um paciente. Dito de outra forma, era o intervalo de tempo entre o tratamento e a evolução do quadro clínico. Vale lembrar que "evolução" não tem, necessariamente, o sentido de melhora ou progresso, é apenas um estágio de transformação, de transição, de alteração e mudança. Nesse sentido, quando o quadro de um paciente evolui, pode ser para uma melhora, recuperação, ou para uma piora ou óbito. O fato relevante aqui é que "crise" era exatamente este momento, o de tomada de decisão.

Se as crises costumam não representar algo bom em nossas vidas, ao mesmo tempo são elas que nos permitem questionar pontos sobre os quais podemos refletir e, quem sabe, mudar. Crises costumam despertar o lado criativo do ser humano. Creio não ser um exagero considerar que os nossos ancestrais tenham descoberto o fogo, iniciado a agricultura, aprendido a domesticar animais, dentre outras coisas, em momentos de crise. E já advirto a todos que me leem que os amaldiçoarei se, porventura, tomarem essa linha de raciocínio para considerarem que esses três fatos que mencionei podem ser usados para falarmos sobre uma espécie de "berço do empreendedorismo".

As crises, nesse último sentido, têm o potencial de provocar mudanças e, às vezes, essas mudanças representam melhoramentos de estágios anteriores. Sabemos, por outro lado, que as mudanças também possuem características inquietantes. Etapas de transição, devido às suas incertezas, aumentam ou reforçam possíveis inseguranças. Mas imaginem se os nossos ancestrais tivessem se preocupado com isso, ou se tivessem parado para calcular muito os riscos de vários dos seus feitos... é possível que ainda estivéssemos na "Idade da Pedra". Momentos de crise, não raro, demandam coragem, ousadia, e, às vezes, até certo grau de irresponsabilidade e inconsequência.

Me servindo, mais uma vez, da minha condição de historiador, aproveito para ponderar uma última questão, antes de saber o que a Sociologia e a Psicologia têm a nos dizer sobre "crises".

A atual crise, e, aqui sim, me refiro à "crise" no contexto do legado deixado pela pandemia e não no da modinha, é sem dúvida uma oportunidade para repensarmos nossas ações e, sobretudo, para refletirmos acerca do nosso protagonismo. Somos responsáveis pelos nossos atos e precisamos assumir os seus ônus e bônus, para que não caiamos naquilo que (novamente) Sartre definiu como "má-fé". Para o filósofo que nos falou tão bem sobre a angústia que a liberdade pode gerar em nós, "má-fé" seria a capacidade de terceirizarmos as responsabilidades de nossas escolhas ou da falta delas. Didaticamente falando, seria "tirar o nosso da reta" quando o resultado final de algo não nos favorece.

A humanidade saiu da epidemia desastrosa da "Peste Negra", ocorrida no século XIV, e, na sequência, vivenciou o "Renascimento", momento de grandes feitos para a humanidade. Há cem anos, saímos, como já citado, da terrível "Gripe Espanhola" e, posteriormente, vislumbramos o esplendor da "Semana de Arte Moderna", que, há pouco tempo, comemorou o seu primeiro centenário, inclusive. Lamentável esse fato não ter recebido, da nossa parte, a atenção devida.

Enfim, não acho que a humanidade será melhor após os efeitos da pandemia de Covid-19. Não acredito em essência para poder afirmar que somos assim mesmo e que, por isso, não mudaremos. Acredito na existência sartreana e na nossa eterna capacidade de aprender. Como o filósofo iluminista **Jean-Jacques Rosseau**, acredito na "perfectibilidade humana", mas, honestamente, também sou inclinado a ver certa má vontade para refletirmos e mudarmos. De todo modo, mudanças acontecem. Lentas ou mais rápidas, acontecem. E, de uma forma ou de outras, para mim, elas só são possíveis em meio a crises, quando somos obrigados a fazer como o Waze, "recalcular nossas rotas". Aguardemos!

Mas, e na Psicologia, Saulo, como a crise pode ser compreendida?

Saulo Demicheli: A vida é, sem sombra de dúvidas, a maior das dádivas conhecidas pela humanidade. Nascemos seres com definições biopsicossociais. Isso, por si só, nos traz algumas vertentes importantes na nossa formação. Ou seja, somos reflexos de nossa constante interação social, somos frutos de nossa herança genética e, não menos importante, somos direcionados pela evolução constante da nossa *psiquê*. A definição de crise está associada a toda formação do ser, pelo simples fato de existirmos.

O simples e magnífico ato de viver, por si, é o maior ato de resistência do ser humano. Freud dizia que somos feitos de carne, mas somos submetidos a viver como se fôssemos de ferro. Essa simples afirmação detona a crise que é viver. **Ferreira Gullar**, notório escritor maranhense, cunhou a frase *"A arte existe porque a vida não basta"*, trazendo à luz como a arte se torna importante em meio à crise existencial que é viver. Na mesma linha de raciocínio, o já citado Nietzsche disse que *"a arte existe para que a realidade não nos destrua"*. É a arte aliviando um pouco a crise interna que nos devora.

A crise num contexto existencial vai muito além das intempéries coletivas, às quais todos estamos sujeitos a atravessar. O psicólogo **Abraham Maslow**, em 1943 propôs em seu artigo *"A Teoria da Motivação Humana"* a hierarquia das necessidades, popularmente conhecida como *"A pirâmide de Maslow"*. Na apresentação deste estudo, Maslow deixa claro que, ao longo da vida, precisamos passar por várias etapas que nos impõem algumas necessidades importantes para a nossa evolução. Quando olhamos para a base dessa pirâmide, já se denota talvez o nosso primeiro contato com a crise. A base se constitui de nossas necessidades básicas e fisiológicas, quando entendemos o mundo em que estamos constituídos e, confirmando nossa realidade heterogênea, iniciamos nossa crise na busca incessante pela sobrevivência, alimentação, saúde, moradia e condições primárias para a sobrevivência.

Em seguida, na pirâmide, vem as necessidades de segurança. Para acalmar nossa crise de insegurança, buscamos o tempo todo condições mínimas para nos sentirmos seguros. Peço ao leitor que promova uma reflexão macro acerca da segurança física, familiar, de dados, genética, etc.

Maslow também aborda nossa necessidade social, constituição de amores, família, relações que, não obstante o conhecimento do leitor, já nos implica ferozmente a palavra crise.

E nas duas camadas superiores desta pirâmide, se encontram a "estima", ligada diretamente com a proposição de reconhecimento, *status* social e, claro, autoestima. E, por fim, nossas realizações pessoais em geral.

Como podemos notar, seguindo o estudo de Maslow, não passamos incólumes à vida sem a luta diária contra nossas crises existenciais. Tudo nos leva a uma necessidade de entendimento do que é viver. Não há, no horizonte do ato de viver, apenas uma linda imagem de contemplação. Contemplar o belo é fundamental, e contemplar o belo é enxergar além do que se vê. Isso é, de fato, viver.

Igor Santos: E isso, Saulo, nos chama a atenção para a velha noção, da qual precisamos tentar fugir diariamente, que é a famosa "zona de conforto". Na medida em que somos estimulados a sair do lugar onde estamos (e, aqui, me refiro tanto a aspectos físicos quanto emocionais, se for o caso), criamos estratégias para lidar com os novos obstáculos. Neste ponto, completando a sua última fala: "isso é, de fato, viver" e, como consequência, viver é aprender. Diariamente.

José Ricardo: Bem, penso que podemos falar de crise destacando diferentes dimensões de nossas vidas. Nós, brasileiros, temos muita intimidade com o termo, pois crises políticas e econômicas são uma constante em nossa história. E como se estas não bastassem, tivemos também a crise humanitária resultante da pandemia. Mas, ampliando o significado do termo e seguindo os passos de **Zygmunt Baumann**, filósofo e sociólogo polonês, falecido em 2017, a modernidade líquida - conceito que se refere ao fato de que na fase atual da modernidade nossas relações são cada vez mais fluidas, frágeis e transitórias – talvez nos permita supor que o estado de crise se tornou permanente, pois as instituições sociais não são mais capazes de nos garantir a estabilidade de outrora.

Vivemos num mundo complexo, que se transforma velozmente, num ritmo nunca antes visto. Com o adensamento moral da sociedade, conceito de Émile Durkheim, autor já citado anteriormente, nossos vínculos sociais se multiplicam na mesma medida em que se superficializam. O avanço do uso das redes sociais retrata essa ideia: amizades são virtuais, a comunicação é indigente e caótica e a falta de uma regulamentação mais clara transforma esse ambiente num "vale-tudo" que desidrata certos princípios básicos de convivência. Paralelamente, as atividades sociais se diversificam de tal modo que a sociedade é incapaz de estabelecer um ordenamento claro, que ponha cada coisa em seu devido lugar, aquela ordem que nos coloca na tal zona de conforto, como diz o Igor. Este estado de constante anomia, que afeta em maior ou menor grau todas as sociedades, dilui nossos parâmetros para a ação, gera ansiedade e insegurança, o que talvez explique essa sensação de que estamos permanentemente em crise, que tudo é líquido, e que precisamos nos esforçar cada vez mais para lidarmos com o mundo que nos cerca.

Se nossa reflexão se dirigir nesta direção, podemos concluir que a crise é o estado normal do nosso tempo. Mas, talvez, tudo isso seja uma fase de transição para um novo estágio no qual estas externalidades da modernidade sejam equacionadas para alcançarmos algum tipo de equilíbrio, que não será o mesmo daquele que havia no mundo pré-moderno.

Fases de transição são assim: instabilidade, mudança, perda de referências, enfim, são, por definição, críticas.

10. O INDIVIDUALISMO COMO UMA PEDRA NO NOSSO CAMINHO

Saulo Demicheli: Nunca é demais lembrar que o ser humano é um ser de premissa social. Nascemos e nos desenvolvemos a partir dessa premissa. A nossa convivência nos molda numa perspectiva coletiva. Mas, em tempos atuais, não precisamos ser profundos conhecedores da sociabilidade humana para entendermos que o individualismo vem prevalecendo em detrimento da coletividade. Será que esse comportamento é apenas um retrato de uma época? Ou será que o individualismo nos pertence tanto quanto a nossa necessidade de coletividade?

Quando ensaiamos uma definição possível, o individualismo trata-se da busca por canalizar energias e forças necessárias para atingir interesses próprios, sem se importar com o reflexo dessas ações na coletividade.

Há de se perceber que existe uma liberdade atrelada ao individualismo, cabendo a todos nós uma reflexão de convivência ética destinada a essa concepção. A condição do ser de blindar-se na sua individualidade, para além de nossa postura moral/social neste contexto, de fato, é uma condição legitima. A nossa reflexão perpassa pela nossa condição moral e pelo sonho, talvez utópico, de uma construção social mais habilidosa emocionalmente e, sobretudo, generosa. Porém, podemos perceber em tempos atuais que essa construção individualista do ser vem lutando, ferozmente, para se implantar majoritariamente e tornando-se, assim, menos constrangedora.

Como tudo está atrelado à nossa liberdade, haverá sempre pontos e contrapontos de reflexão, mas há também de se aprofundar na construção de pensamentos mais críticos, promovendo em nós uma reflexão mais ampla, a saber: **Rousseau**, em sua contribuição acerca da liberdade, partia da premissa de que a verdadeira liberdade se resumia em todos agirem em prol do coletivo, onde leis evitassem ações individualistas. Já **Sartre**, já citado noutro momento, em sua observação sobre a liberdade, dizia que o indivíduo está *sentenciado* à liberdade e que, a partir dessa sentença, ele se forma, onde nada nem ninguém possa obrigá-lo a agir contra a sua vontade.

Acredito que, na caminhada da vida, possamos recolher todas as pedras do individualismo para, a partir de então, construirmos uma estrada para um fluxo mais coletivo. Pensemos.

Igor Santos: Discorrer sobre "individualismo", para mim, é sempre uma tarefa difícil. E é difícil também ensaiar apenas uma resposta, já que essa questão demanda uma boa reflexão. Iniciarei a minha fala invocando a deusa da História, Clio, e espero que ela me guie nesta tarefa do pensar.

Em História, tradicionalmente, quando falamos a respeito de "individualismo", costumamos retornar aos gregos e aos seus ideais em torno da arte que desenvolveram. A noção de "individualismo" estava muito presente na forma que os artistas gregos representavam o humano, com seus traços perfeitos, suas dimensões aproximadas, detalhes realistas, dentre outros fatores. Essas características da arte helênica estavam presentes na concepção que eles tinham do humano e deste em relação ao universo.

No entanto, esse "individualismo" tem a ver com a percepção de que um indivíduo seria, para os gregos, como prevê a sua raiz etimológica, um ser (ou algo) indivisível, uno, portanto completo por si mesmo, íntegro. Sendo completo, o é voltado para si, mas, nem por isso, deixa de ser parte de um todo. E aqui é quando entra a cosmovisão grega, na qual há o universo e tudo o que o compõe. Para os gregos antigos, tudo o que há no universo existe porque tem um papel. "Tudo se encaixa". Tudo tem o seu devido lugar no cosmos.

Por que fiz questão de destacar esse ponto ao iniciar a minha fala sobre "individualismo"? Porque, para nós, pertencentes ao século XXI, "individualista" se tornou quase sinônimo de "egoísta", daquela pessoa que olha apenas para si e se esquece do todo. Mas os gregos não faziam essa correlação. Na verdade, para eles a ideia era exatamente o oposto disso.

A coletividade era exercida no mundo político, no mundo da *pólis*. Eles definiam o "político" como sendo aquele indivíduo que se voltava para os assuntos da coletividade, para os assuntos da política. E quanto àqueles que se voltavam para si, apenas para o seu próprio umbigo, chamavam-no de "idiotas". É isso mesmo. Você não leu errado. Entre os gregos antigos, o *idhiótis* era aquele que se apartava da vida política, pública, e se voltava apenas para o privado. Ao que tudo indica, caro leitor e cara leitora, parece-me que, atualmente, conseguimos inverter essa lógica.

Alguns séculos depois dos gregos, a noção de "individualismo" reaparece dentro de um processo histórico que ficou conhecido como "Renascimento Cultural", iniciado na Europa no século XV. Na visão dos artistas renascentistas, havia uma diferenciação em relação à visão dos gregos, por mais que eles tivessem como propósito engrandecer e "renascer" a cultura clássica (greco-romana). A partir da arte que surge no século XV, e cujo objetivo é o enaltecimento do humano, o indivíduo aqui começa a se aproximar de uma visão que, futuramente, alcançaria a nossa percepção atual, de um ser que, de tão valorizado e idealizado, começa a se sentir muito especial e, como consequência, se distancia dos demais, da coletividade. Trata-se, talvez, do início de quando os nossos antepassados começaram a se julgar "a última bolacha do pacote", como eu disse anteriormente, ao mencionar a noção de ressentimento nietzschiana.

Leandro Karnal no livro *"O dilema do porco espinho"*, analisou alguns processos que envolvem a *solidão* e a *solitude*, e como nós ficamos no meio termo, num verdadeiro impasse, ou, num dilema, como ele definiu, acerca da proximidade/necessidade do outro *versus* momentos (hoje não tão raros assim) em que temos o desejo/necessidade de nos isolarmos e de nos voltarmos para nós. Neste ponto, especificamente, conscientemente ou não, estamos fazendo uso dessa concepção do nosso estado (atualizado) de individualismo.

José Ricardo, em nosso livro *"Questões do nosso tempo"*, define a época em que estamos como sendo "tempos de monólogos". Lá, noutro contexto, destaquei como esse individualismo pode ser considerado quando olhamos, também, para as maneiras pelas quais consideramos as nossas opiniões e os nossos assuntos como sendo as únicas coisas que importam. Como régua, nos usamos e passamos a medir a importância das coisas a partir dos nossos gostos e interesses. Se algo é interessante para mim, se é conveniente para mim, eu me envolvo. Caso contrário, não. Como a Sociologia pensa essa noção em torno do que estamos chamando de "individualismo"?

José Ricardo. O termo "individualismo" é daqueles cuja polissemia nos leva a muitas confusões. Tratado como sinônimo de egoísmo, o termo ganha um significado pejorativo, considerado como algo negativo para a preservação da sociedade. Durkheim, por exemplo, se referia ao individualismo como a base moral das sociedades modernas.

Para o eminente sociólogo francês, a estrutura altamente diversificada da divisão do trabalho exige uma crescente diferenciação dos indivíduos para que as múltiplas funções sociais possam ser executadas, gerando a solidariedade social do tipo orgânica. Com isso, a consciência individual se fortalece, enfraquecendo a consciência coletiva. O risco é que o individualismo exacerbado se transforme em egoísmo, caracterizado pelo esmaecimento das referências coletivas e dos laços sociais, gerando situações de anomia e o aumento dos suicídios.

Outra forma de abordarmos o tema é nos remetermos à tradição do pensamento liberal. Nesse caso, o individualismo faz parte de uma concepção de sociedade, vista pelos liberais como um conjunto de indivíduos atomizados que agem racionalmente em busca de seus interesses. O livre jogo dos interesses individuais traria benefícios coletivos, convicção expressa na máxima: "vícios privados, virtudes públicas".

Não se pode negar que a visão liberal do mundo representou avanços importantes que hoje caracterizam a mentalidade humanista moderna. As noções de "Direitos Humanos" e "Democracia" não poderiam se desenvolver, como nós as conhecemos, na ausência de uma ideologia que valorizasse o indivíduo em termos de direitos, liberdade e dignidade, três princípios que representam os pilares da cidadania (direitos civis, políticos e sociais) e base de um pensamento liberal nascido na Europa entre os séculos XVII e XVIII. É a garantia desses direitos que impede que os indivíduos sejam tiranizados pelo Estado e pela própria coletividade.

Cabe lembrar que as experiências totalitárias no século passado – Fascismo, Stalinismo, Maoísmo – promoveram, cada qual ao seu modo, a reificação da coletividade – a classe, a raça, a nação – e reduziram o indivíduo a uma mera peça na engrenagem do sistema social, da qual se poderia dispor, a despeito de qualquer consideração humanista, sempre que as individualidades representassem um risco aos "interesses coletivos", de acordo com a visão oficial do Estado.

Penso, portanto, que o individualismo é fundamental para os ganhos civilizatórios que obtivemos nos últimos séculos. Mas compartilho com vocês a preocupação acerca de seus efeitos deletérios, quando levado ao extremo.

Os problemas que tivemos durante a pandemia de Covid-19, com a recusa de alguns de seguir recomendações sanitárias – vacinação, uso de máscara e isolamento social, conforme já discutimos – em nome da "liberdade individual", aumentando o risco de contaminação de milhões de pessoas, ilustram bem o que é o individualismo extremado. Certamente somos seres sociais, mas possuímos também uma individualidade que precisa ser respeitada e infundida de valor. O desafio é encontramos um modo de organizarmos a vida social que combine de forma equilibrada essa nossa dupla condição.

GLOSSÁRIO

Adriano VI (1459-1523): Batizado com o nome Adriaan Florensz Boeyens, tornou-se Adriano VI ao se tornar o 218º papa da Igreja Católica, em 1522. Atuou como pontífice e regente dos estados papais por um breve espaço de tempo, apenas 1 ano, pois faleceu em 1523. Até o seu pontificado, era o único holandês a ocupar o cargo máximo dentro da Igreja.

Almeida, Silvio (1976): Advogado, filósofo, escritor e professor universitário brasileiro. Nascido em São Paulo e, atualmente, ocupa o cargo de Ministro dos Direitos Humanos e da Cidadania do Brasil no governo de Luiz Inácio Lula da Silva, eleito em 2022.

Antonieta, Maria (1755-1793): Arquiduquesa da Áustria e esposa do rei Luís XVI, Maria Antônia Josefa Joana de Habsburgo-Lorena, como era o seu nome de batismo, foi rainha consorte da França entre os anos de 1774 e 1793, quando foi levada à guilhotina no contexto da Revolução Francesa. O seu marido, Luís XVI, teve igual sentença, sendo morto em janeiro do mesmo ano.

Aretino, Pietro (1492-1556): Foi um poeta, escritor e dramaturgo italiano. Suas obras mais conhecidas foram "Sonetos Luxuriosos" e "Diálogo das Prostitutas". Possuía um jeito peculiar de escrita e a sua fama com esse estilo de texto era grande. Ficou conhecido em sua época pela alcunha "Secretário do Mundo".

Ariès, Philippe (1914-1984): Foi um importante historiador do século XX. Dedicou-se a estudos na área da História Social e alguns dos seus trabalhos mais conhecidos são "História da morte no Ocidente" e "História social da criança e da família".

Aristóteles (384-322 a.C.): Filósofo da Grécia Antiga, considerado um dos maiores pensadores de todos os tempos e está entre os expoentes que mais influenciaram o pensamento do mundo ocidental. Foi discípulo de Platão e seu interesse englobou diversas áreas, tendo deixado seu legado, principalmente, nas áreas de lógica, física, metafísica, da moral e da ética, além de poesia e retórica.

Assis, Joaquim Maria Machado de (1839-1908): Escritor brasileiro, fundador da Academia Brasileira de Letras. Considerado um dos maiores escritores brasileiros de todos os tempos. Autor de romances famosos, como "Dom Casmurro" e "Memórias Póstumas de Brás Cubas".

Bauman, Zygmunt (1925-2017): Sociólogo e Filósofo polonês, famoso pelo seu conceito de "modernidade líquida", que se caracteriza por relações pouco duradouras e superficiais. Escreveu inúmero livros, dentre os quais destacam-se os seguintes títulos: *Amor líquido: sobre a fragilidade dos laços humanos*, *Modernidade e ambivalência* e *Vida para consumo.*

Berger, Peter (1929-2017): Sociólogo austro-americano. Escreveu diversos livros sobre teologia e teoria sociológica, sendo o mais famoso "A Construção Social da Realidade", em coautoria com Thomas Luckmann, uma introdução ao pensamento sociológico na perspectiva da escola do interacionismo simbólico.

Bobbio, Norberto (1909-2004): Filósofo e cientista político italiano. Considerado um dos principais divulgadores da filosofia política. Autor de diversos livros. Foi senador vitalício na Itália pela esquerda Democrática. Exerceu intensa atividade acadêmica e política, tendo se tornado um dos autores mais populares do mundo na sua área. Entre suas obras destacam-se "O Futuro da Democracia", "Estado Governo e Sociedade", "Dicionário de Política".

Boétie, Étienne de La (1530-1563): Filósofo francês, humanista, contemporâneo e amigo de Michel de Montaigne. Etienne traduziu obras clássicas do grego para o francês, como alguns escritos de Xenofonte e Plutarco. O seu livro *Discurso da servidão voluntária* é um clássico que permite ao leitor reflexões acerca da autoridade de um monarca sobre seus súditos.

Bolsonaro, Jair (1955): Político Brasileiro. Ex- tenente do Exército. Foi deputado federal e o 38º presidente do Brasil (2019 - 2022). Fez carreira política defendendo as ideias da direita conservadora, da qual é o seu principal representante.

Bourdieu, Pierre (1930 - 2022): Filósofo e sociólogo francês. Desenvolveu estudos sobre diversos temas: educação, cultura, literatura, arte, mídia, linguística e política. Considerado um dos intelectuais mais influentes da segunda metade do século XX, tendo desenvolvido uma teoria social denominada "Estruturalismo Construtivista".

Calvino, Ítalo (1923-1985): Foi um dos mais importantes escritores italianos do século XX. A sua literatura ganhou fama por ser considerada sincera, delicada e extremamente ágil. Um dos seus ensaios mais famosos é "Por que ler os clássicos"

Carvalho, José Murilo de (1939): Historiador e cientista político brasileiro. Autor de diversos livros de ensaios, história brasileira e biografias. Membro da Academia Brasileira de Letras. Vencedor do prêmio Jabuti, o principal da literatura brasileira, com o livro "A Formação das Almas: o imaginário da República no Brasil", e o prêmio Casa de Las Américas, de Cuba, com o livro "A cidadania no Brasil: o longo caminho".

Castells, Manuel (1942): Sociólogo espanhol considerado um dos expoentes nos estudos acerca das redes sociais e de seus impactos econômicos, políticos e culturais. "A Sociedade em Rede", primeiro volume da trilogia "A Era da Informação: economia, Sociedade e Cultura", no qual analisa estas questões, é um de seus livros mais conhecidos e debatidos.

César, Júlio (100 a.C. - 44 a.C.): Caio Júlio César foi um notável e famoso romano. Patrício, político e líder militar, ele exerceu papel importante na história da Roma Antiga, fazendo parte do contexto de transformações pelas quais passou a República Romana (509 a.C. a 27 a.C.).

Chateaubriand, Assis (1892 - 1968): Jornalista, advogado, professor de Direito, empresário, escritor, mecenas e político brasileiro. Um dos homens públicos mais influentes do Brasil entre as décadas de 1940 e 1960. Proprietário do *"Diários Associados"*, uma rede de jornais, revistas, estações de rádio e TV. Foi senador, embaixador do Brasil no Reino Unido e membro da Academia Brasileira de Letras.

Cícero (106 a.C. - 43 a.C.): Foi um advogado, político, escritor, orador e filósofo da República Romana. Eleito cônsul em 63 a.C., destacou-se como um dos nomes mais importantes da Roma Antiga.

Cruz, Oswaldo (1872 - 1917): Médico, bacteriologista, epidemiologista e sanitarista brasileiro. Pioneiro no estudo das moléstias tropicais e da medicina experimental no Brasil. Membro da Academia Brasileira de Letras e fundador do Instituto Soroterápíco Federal, hoje Fundação Oswaldo Cruz.

Durkheim, Émile (1858-1917): Sociólogo francês. Um dos maiores nomes da sociologia em todos os tempos, precursor do funcionalismo, uma corrente muito influente no desenvolvimento da teoria sociológica. Foi pioneiro na sistematização do método e do objeto de estudo desta disciplina. Suas análises abrangem uma variedade de temas, destacando sua pesquisa sobre o suicídio, definido como fato social, e sua análise da constituição das sociedades modernas, exposta em sua obra *Da Divisão do Trabalho Social*.

Filho, Clóvis de Barros (1965): doutor em Ciências da Comunicação pela Escola de Comunicações e Artes da USP, instituição onde obteve também a sua livre-docência. Atua como palestrante há mais de 10 anos no mundo coorporativo é autor de inúmeras obras que versam a respeito de filosofia moral, entre elas destacam-se os títulos: Ética e vergonha na *cara!*, em parceria com o filósofo Mario Sérgio Cortella, e *Felicidade ou morte,* com o historiador Leandro Karnal.

Foucault, Michel (1926 - 1984): Foi um dos mais importantes e influentes filósofos do século XX. Francês, esteve no Brasil algumas vezes e dedicou parte significativa de sua vida acadêmica a assuntos como "História da Sexualidade", "História da loucura", as relações de poder, dentre outros. Alguns dos seus livros mais famosos são: *"História da Sexualidade"* (em 4 volumes), *"Vigiar e Punir" e "Microfísica do Poder".*

Freire, Paulo (1921 - 1997): Formou-se em Direito, mas ficou conhecido como educador e filósofo brasileiro. Nasceu no Estado Pernambuco e é considerado um dos pensadores mais influentes e notáveis na história da pedagogia mundial, tendo influenciado o movimento chamado "Pedagogia Crítica". É também o Patrono da Educação Brasileira.

Freud, Sigmund (1856-1939): Médico neurologista e psiquiatra austríaco, ficou conhecido como o "pai da psicanálise" por seu pioneirismo nos estudos sobre a mente e por apresentar ao mundo o inconsciente humano. Sua obra é objeto de questionamento, mas, inegavelmente, exerce ainda muita influência entre os estudiosos.

Goebbels, Joseph (1897 - 1945): Foi Ministro da propaganda do governo de Adolf Hitler entre os anos de 1933 e 1945. Suicidou-se, juntamente com a sua esposa, após envenenar seus seis filhos, um dia após o suicídio de Hitler, no fim da Segunda Guerra Mundial.

Gullar, Ferreira (1930 - 2016): Escritor, poeta, crítico de arte, biógrafo, tradutor, memorialista e ensaísta brasileiro e um dos fundadores do neoconcretismo. Autor de vasta obra literária, especialmente poética e teatral. Foi militante do Partido Comunista Brasileiro e exilado pela ditadura militar. Membro da Academia Brasileira de Letras.

Harari, Yuval Noah (1976): historiador israelense, com doutorado em História pela Universidade de Oxford, Harari é especializado em história mundial e professor da Universidade Hebraica de Jerusalém. Sua linha de pesquisa gira em torno de questões abrangentes, tais como: a relação entre História e Biologia, Justiça e História, felicidade humana com os passar dos tempos, entre outras. Seu livro *Sapiens*, publicado em 2011 (L&PM), se tornou um best-seller internacional, sendo publicado em mais de quarenta países.

Hitler, Adolf (1889-1945): Ditador alemão, foi responsável um dos maiores genocídios da história da humanidade. Invadiu a Polônia no ano de 1939, provocando a Segunda Guerra Mundial. Mandou milhões de judeus para campos de concentração e conquistou inúmeros países europeus. Em 1945, após a derrota por tropas soviéticas, suicidou-se em seu *bunker.*

Hobbes, Thomas (1588 - 1679): Filósofo inglês, teórico máximo do chamado "Absolutismo Monárquico", cuja defesa fez em seu livro *"O Leviatã"*. Contratualista, defendia que a humanidade passou por duas fases: "O Estado de Natureza", quando não havia institucionalidade, anterior à sociedade, e o "Estado Social", nascido de um contrato, no qual os homens abrem mão de seus direitos naturais em favor da segurança do Estado, cujo poder deve ser absoluto.

Hirst, Paul (1946 - 2003): Sociólogo e cientista político inglês. Destacou-se por seus estudos sobre democracia, socialismo e liberalismo. Foi professor do Birkbeck College, em Londres. Autor de diversos livros.

Hobsbawm, Eric ( ): Foi um historiador marxista britânico reconhecido como um dos mais importantes nomes da intelectualidade do século passado. Ao longo de sua trajetória, Hobsbawm manteve-se como membro do "Partido Comunista Britânico" e um de seus interesses acadêmicos era acerca do desenvolvimento das tradições. Entre os seus muitos livros, destaca-se *"Era dos extremos: o breve século XX (1914-1991)"*.

Holanda, Sérgio Buarque de (1902 - 1982): foi um importante historiador brasileiro. Considerado, ao lado de Gilberto Freyre, Caio Prado Jr. e Raymundo Faoro, um dos grandes intérpretes do Brasil. Foi também crítico literário e jornalista. O seu livro mais famoso é *"Raízes do Brasil"*, publicado em 1936.

Jesus (c. 7-2 a.C. - c. 30-33 d.C.): Nascido na Judeia, região que pertencia ao antigo Império Romano, Jesus (chamado pelos seus discípulos de "Cristo") tornou-se o **líder espiritual de uma das três** maiores religiões monogâmicas do mundo, o Cristianismo. Os relatos acerca de sua vida e legado encontram-se na "Bíblia", livro que é considerado sagrado para os cristãos. Jesus foi considerado subversivo e, assim como outros da época, morreu crucificado.

Jung, Carl Gustav (1875 - 1961): Psiquiatra e psicoterapeuta suíço, fundador da psicologia analítica. Com um legado influente nos campos da psiquiatria, psicologia, ciência da religião, literatura, criou alguns dos mais conhecidos conceitos psicológicos, incluindo a distinção entre personalidade extrovertida e introvertida, as ideias de arquétipo e de inconsciente coletivo, bem como a noção de sincronicidade.

Kant, Immanuel (1724 - 1804): Filósofo alemão, expoente do Iluminismo. Fez estudos sobre epistemologia, metafísica, ética e estética, tornando-se um dos pensadores mais influentes da filosofia ocidental moderna. Sua obra mais conhecida é *"A Crítica da Razão Pura"*.

Leão X (1475 - 1521): Nascido João de Lourenço de Médici, foi papa de 1513 até sua morte, em 1521. Tornou-se conhecido, principalmente, por ser o papa do início da Reforma Protestante, iniciada por Martinho Lutero em 1517, e por ter sido o último papa a ter visto a Europa Ocidental totalmente católica.

Levitsky, Steven (1968): Cientista político norte-americano, professor da Universidade de Harvard. Desenvolve trabalhos sobre democracia, regimes autoritários e instituições políticas informais.

Locke, John (1632 - 1704): Filósofo inglês, fundador do Empirismo, expoente do Iluminismo e considerado o pai do Liberalismo. Contratualista, mas diferente de Hobbes, afirmava que os homens criaram a sociedade para defender seus direitos naturais por meio do controle do Estado e do poder dos governantes, dando origem à noção do Estado liberal. Participou da Guerra Civil Inglesa contra os poderes absolutos do rei. Seu livro mais conhecido é *"Dois Tratados Sobre o Governo Civil"*.

Maquiavel, Nicolau (1469 - 1527): Diplomata, filósofo e escritor italiano nascido em Florença. Considerado pioneiro da Ciência Política. Expoente do Renascimento. Em sua obra mais famosa, *"O Príncipe"*, ele expõe o funcionamento do Estado e da política de forma realista, sem interferência de considerações morais. **É u**m dos pensadores políticos mais influentes de todos os tempos.

Maslow, Abraham (1908 - 1970): Abraham Harold Maslow foi um psicólogo americano, conhecido por propor um modelo hierárquico das necessidades, conhecido como "Pirâmide de Maslow".

Médici, Emílio Garrastazu (1905 - 1985): Militar brasileiro, nascido em Bagé, Rio Grande do Sul. Participou da Revolução de 30. Foi o 28º presidente do Brasil (1969 - 1974). O seu período de governo foi marcado por grandes obras de infraestrutura - como a Usina de Itaipú e a Transamazônica - e por forte repressão política, com muitos casos de tortura e assassinatos de prisioneiros políticos.

Mill, Stuart John (1806 - 1873): Filósofo e economista inglês, adepto do "Utilitarismo", filosofia política que preconizava que a principal função do Estado e das leis é a de garantir a felicidade do maior **número de pessoas**. Defensor do liberalismo político e do voto proporcional. Foi membro do parlamento britânico e autor de diversas obras sobre ética, política e liberdades individuais.

Morais, Fernando (1946): Escritor, jornalista e biógrafo brasileiro. Foi também deputado estadual e secretário estadual de cultura e educação, em São Paulo. Autor de diversos livros de reportagens e biografias.

Neves, Aécio (1960). Político mineiro, nascido em Belo Horizonte. Foi deputado federal, presidente da Câmara dos Deputados, senador, governador de Minas Gerais e candidato a presidência da república, quando foi derrotado por Dilma Rousseff, em 2014. Atualmente é deputado federal

Nietzsche, Friedrich (1844-1900): Filósofo alemão que se destacou pela extraordinária qualidade literária de seus escritos com conteúdo filosófico. Desenvolveu críticas contumazes sobre as concepções religiosas e éticas da vida, defendendo uma reavaliação de todos os valores humanos. Algumas de suas obras mais conhecidas são *A gaia ciência*, de 1822, *Assim falou Zaratustra*, de 1883, *Genealogia da moral*, de 1887, e *Ecce homo*, 1888.

Papert, Seymour (1928 - 2016): Matemático e educador estadunidense nascido na África do Sul. Foi professor no *Massachusetts Institute of Technology*. Papert graduou-se pela Universidade de Witwatersrand, em 1949, e obteve o seu PhD em Matemática no ano de 1952.

Piaget, Jean William Fritz (1986 - 1980): Foi um biólogo, psicólogo e epistemólogo suíço, considerado um dos mais importantes pensadores do século XX e um dos mais renomados autores que contribuíram com as teorias em torno dos processos de aprendizagem.

Piletti, Claudino (1942-2021): filósofo e professor universitário. Autor de livros didáticos e paradidáticos nas áreas de Educação e História da Educação.

Piletti, Nelson (1945): Educador e historiador brasileiro. É formado em Filosofia, Pedagogia e Jornalismo, e é também mestre, doutor e livre-docente em História da Educação Brasileira pela Universidade de São Paulo, e professor da Faculdade de Educação da USP desde 1974. É autor de diversos livros na área de Educação e História da Educação. É autor também de uma biografia sobre Dom Hélder Câmara e do romance *"Sônia Sete Vidas"*.

Popper, Karl (1902 - 1994): Filósofo liberal austro-britânico. Notabilizou-se por seus estudos sobre filosofia da ciência. Denominou sua perspectiva de "Racionalismo Crítico", preconizando que uma teoria científica jamais pode ser provada, mas pode ser falseada. É um dos pensadores mais influentes do século XX. Defensor da democracia liberal e autor de diversos livros.

Ribeiro, Darcy (1922 - 1997): Darcy Ribeiro foi um importante antropólogo, escritor e político brasileiro. Filiado ao Partido Democrático Trabalhista e conhecido por seu foco em relação aos indígenas e à educação no país, chegou a ocupar os cargos de Ministro da Educação no governo de João Goulart e foi vice-governador do Rio de Janeiro entre os anos de 1983 e 1987, quando o governador era Leonel Brizola. Suas ideias de identidade latino-americana influenciaram inúmeros estudiosos latino-americanos posteriores.

Rosa, João Guimarães (1908 - 1967): Médico, diplomata e escritor mineiro, nascido em Cordisburgo. Considerado um dos maiores escritores brasileiros de todos os tempos. Membro da Academia Brasileira de Letras. Foi indicado ao prêmio Nobel de literatura no ano de sua morte. Seu romance Grande Sertão: Veredas está entre os mais importantes da literatura mundial.

Rousseau, Jean-Jacques (1712 - 1778): Jean-Jacques Rousseau foi um importante e renomado filósofo, teórico político, escritor e compositor genebrino que viveu no século XVIII. Suas ideias influenciam ainda algumas correntes de pensamento e duas das suas principais obras são "Do contrato social" e "Discurso sobre a origem e os fundamentos da desigualdade entre os homens".

Rousseff, Dilma (1947): foi presidente do Brasil entre 2011 e 2016. Filiada ao Partido dos Trabalhadores (PT), dera continuidade ao projeto de governo iniciado pelo ex-presidente Luiz Inácio Lula da Silva, que permaneceu no cargo entre 2003 e 2010. Dilma teve o seu governo interrompido pelo processo de *impeachment* em 2016.

Santo Agostinho (354-430): Agostinho de Hipona, foi um bispo católico, teólogo e filósofo latino. Considerado santo e doutor da Igreja, escreveu mais de 400 sermões, 270 cartas e 150 livros. Sua conversão ao cristianismo ficou famosa devido ao relado em seu livro *Confissões.*

Sartre, Jean-Paul (1905-1980): Filósofo e escritor francês, foi um dos principais representares do pensamento existencialista. Romancista, dramaturgo e crítico literário, Sartre recusou o prêmio Nobel conquistado no ano de 1964. A sua filosofia política encontra-se sintetizada em sua obra *Crítica da razão dialética*, e *O ser e o nada*, ao lado de *O muro*, compõem alguns dos seus títulos mundialmente conhecidos.

Schutz, Alfred (1899 - 1959). Filósofo e sociólogo nascido na Áustria e radicado nos EUA. Estudou Direito e atuou como advogado. Criador da Sociologia Fenomenológica, com base na filosofia de Edmund Husserl. Foi professor da *New School Of Social Research*, em Nova York.

Stalin, Joseph Vissarionovich (1879-1953): Estadista comunista soviético, ocupou o governo após a morte de Lênin. Em 1930, instaurou um regime de terror, suprimindo as liberdades individuais e criando uma estrutura policial e militar de combate aos inimigos do regime, o que causou a morte de milhões de pessoas.

Stephenson, Neal (1959): Escritor americano conhecido por suas obras de ficção especulativa. Seus romances foram categorizados como ficção científica, ficção histórica, cyberpunk, pós-cyberpunk e barroco. O trabalho de Stephenson explora matemática, criptografia, linguística, filosofia, moeda e história da ciência.

Sócrates (470-399): Filósofo grego que morreu sem deixar obras escritas. Seus pensamentos são conhecidos devido a fontes indiretas, de seus discípulos, como Platão, por exemplo. Praticava filosofia dentro de uma abordagem dialética, mais tarde conhecida como maiuêutica, propondo questões acerca de diversos assuntos.

Trótski, Leon (1879 - 1940). Teórico marxista e revolucionário russo. Uma das principais lideranças da Revolução Russa, em 1917. Disputou a liderança da URSS com Stalin após a morte de Lenin. Derrotado, exilou-se, passando por vários países até chegar ao México, onde foi assassinado a mando de Stalin. Crítico do stalinismo, fundou a 4ª Internacional dos Trabalhadores, sendo um dos mais influentes pensadores marxistas.

Vygotsky, Lev Semionovitch (1896 - 1934): Foi um psicólogo, proponente da "Psicologia histórico-cultural". Pensador importante em sua área e época, foi pioneiro no conceito de que o desenvolvimento intelectual das crianças ocorre em função das interações sociais e condições de vida.

Ziblatt, Daniel (1972). Cientista político norte-americano, professor da Universidade de Harvard. Especialista em política comparativa, democracia e processos de democratização.

SOBRE OS AUTORES

Igor Bruno Cavalcante dos Santos - Possui graduação em História pelo Centro Universitário de Belo Horizonte (UNI-BH), mestrado e doutorado em História pela Universidade Federal de Ouro Preto (UFOP). É Diretor Pedagógico na rede privada de ensino e professor de História em cursinhos Pré-ENEM, e autor de livros didáticos e paradidáticos nas áreas de História e Ensino de História. Seu livro mais recente, *"Questões do Nosso Tempo: conversas entre História, Sociologia e Psicologia",* foi publicado em 2020 pela editora Letramento.

José Ricardo Faleiro Carvalhaes - Possui graduação em Ciências Sociais pela Universidade Federal de Minas Gerais (UFMG) e mestrado em Sociologia pela mesma instituição. É professor da Pontifícia Universidade Católica de Minas Gerais (PUC-MG). Autor do romance *Os insensatos* (Giostri) e coautor do livro *"Questões do Nosso Tempo: conversas entre História, Sociologia e Psicologia"* (Letramento, 2020).

Saulo Demicheli - Possui graduação em Psicologia pela Faculdade Ciências da Vida (FCV) e especialização em Educação Socioemocional pela Universidade Cruzeiro do Sul. É psicólogo clínico cognitivo comportamental com foco em desenvolvimento humano; trabalha com prevenção e cuidado à saúde mental e emocional no ambiente escolar através de fomento às habilidades socioemocionais com educadores, alunos e família; supervisiona, atualmente, uma equipe que fomenta habilidades socioemocionais dentro da empresa "Arco Educação", através da "Escola da Inteligência".

- editoraletramento
- editoraletramento.com.br
- editoraletramento
- company/grupoeditorialletramento
- grupoletramento
- contato@editoraletramento.com.br
- editoraletramento

- editoracasadodireito.com.br
- casadodireitoed
- casadodireito
- casadodireito@editoraletramento.com.br